Mehr als 20 Jahre nach seiner klassischen Studie »Mozart – Im Innern seiner Sprachen« setzte sich Hanns-Josef Ortheil von Neuem intensiv mit dem Geheimnis der Mozartschen Musik auseinander. In einem groß angelegten Buch, einer Mischung aus Tagebuch, Erzählung und Essay, geht er auf sehr persönliche Weise dem Faszinosum Mozart nach, lässt den Leser an seiner Art zu hören teilnehmen und entschlüsselt dabei viele der bekannten und auch weniger bekannten Musikstücke dieses großen Komponisten. Ausführlich kommt er auch auf dessen Opern und deren Entstehung zu sprechen. Damit wendet sich dieses Buch an alle, die Näheres über Mozarts Genie erfahren möchten, die seine Musik intensiv hören und die ihr Verständnis von Mozarts Lebens-, Denk- und Empfindungskosmos vertiefen wollen.

HANNS-JOSEF ORTHEIL wurde 1951 in Köln geboren. Er ist Schriftsteller, Pianist und Professor für Kreatives Schreiben und Kulturjournalismus an der Universität Hildesheim. Seit vielen Jahren gehört er zu den bedeutendsten deutschen Autoren der Gegenwart. Sein Werk ist mit vielen Preisen ausgezeichnet worden, darunter dem Thomas-Mann-Preis, dem Nicolas-Born-Preis und zuletzt dem Stefan-Andres-Preis. Seine Romane wurden in über zwanzig Sprachen übersetzt.

Hanns-Josef Ortheil

Das Glück der Musik

Vom Vergnügen, Mozart zu hören

btb

Der Pianistin Daniela Ballek
gewidmet

Vorbemerkung

Im Januar 2005 las ich durch Zufall, daß Rossini empfohlen habe, jeden Tag eine oder zwei Kompositionen Mozarts zu hören. Die Empfehlung gefiel mir und brachte mich auf den Gedanken, durch ein solches tägliches Hören meinen Mozart-Hörsinn zu schärfen. Jeden Tag würde ich mich fragen: Was höre ich und wann höre ich es?, täglich gäbe es, wo auch immer ich unterwegs wäre, zumindest eine kleine Mozart-Séance, ja ich könnte diese Unterbrechung des Alltags sogar mit bestimmten Ritualen verbinden und dadurch zu einem besonderen, herausgehobenen Tagesmoment machen. Darüber hinaus aber würde ich auch notieren, wie Mozarts Musik auf mich wirkt, wie sie die jeweilige Umgebung verwandelt und was mir durch den Kopf geht, wenn ich sie höre.

Hatte das schon einmal jemand versucht, hatte schon einmal ein Hörer möglichst genau und über einen längeren Zeitraum davon erzählt, wie er Mozarts Musik hört und warum sie ihn mehr als jede andere animiert und begeistert? Genau das, dachte ich damals sofort, müßte man aber einmal genauer erkunden, anstatt immer nur ins Biographische oder Analytische zu flüchten, zu Lebensdetails also oder in das oft hilflose Sezieren der Stücke und damit in Sätze von der Art »Es folgt eine Auflösung von H nach Ais mit einer sich anschließenden chromatischen Stufensequenz, die, rückgeleitet zur Grundtonart A-Dur, nach dem Doppelstrich in Krebsführung erneut auftritt«.

Anstatt mich an solche Sätze zu klammern, wollte ich an den verschiedensten Orten und zu den unterschiedlichsten Zeiten möglichst genau hinhören: In der Abgeschiedenheit eines Musikzimmers, in einem Café, in der Natur, mitten in einer Großstadt, frühmorgens, spät in der Nacht, im Sitzen, in Bewegung, in allen nur denkbaren Konstellationen.

Am 27. Januar 2005, Mozarts 249. Geburtstag, habe ich meine ersten Notizen gemacht, genau ein Jahr lang habe ich meine Höreindrücke notiert, dann habe ich die Notate gekürzt und eine Auswahl von ihnen für dieses Buch zusammengestellt. Allzu private Eintragungen habe ich ausgelassen, dafür habe ich manchmal aber auch kurze Notizen aufgenommen, die den Blitz der Überwältigung nur registrieren, gerade durch ihre Sprachlosigkeit und Erstarrung vielleicht aber besonders deutlich von jenen intensiven Momenten des Glücks handeln, die Mozarts Musik immer wieder beschert.

27. Januar 2005. Heute vor 249 Jahren wurde Wolfgang Amadeus Mozart gegen 8 Uhr abends im Wohnhaus seiner Eltern und seiner viereinhalb Jahre älteren Schwester Nannerl in der Salzburger Getreidegasse 9 geboren und am darauf folgenden Tag im Salzburger Dom auf die Namen Joannes Chrysostomus Wolfgangus Theophilus getauft. Fast genau fünf Jahre später, Ende Januar 1761, notiert Leopold Mozart, der Vater, die ersten Kompositionen des Sohnes in ein *Notenbuch*, das er zunächst für Nannerls Klavierunterricht angelegt hatte. Es handelt sich um zwei kurze, kaum eine halbe bzw. eine viertel Minute lange Klavierstücke, ein *Andante* und ein *Allegro,* beide in C-Dur, am frühen Vormittag habe ich sie mir angehört und damit mein Hör- und Aufzeichnungs-Projekt begonnen. Ich saß im Musikzimmer und spitzte die Ohren, ich war etwas aufgeregt und ermahnte mich, genau zuzuhören, Takt für Takt, ohne mich ablenken zu lassen, es gelang aber nur zum Teil, denn ich hatte laufend die Zimmer des Salzburger Geburtshauses vor Augen, diese dunklen Höhlen mit ihren spärlichen Fensterlöchern, die ich bereits seit meiner Kindheit kenne. Ich sah Mozarts Vater und den kleinen, fünfjährigen Sohn, ich sah ein Kind, das sich über ein Klavier beugt und immer neue Varianten erprobt: So nicht …, vielleicht aber so, hier weiter …, nicht dort. Zwei kleine Hände gehen auf den Tasten spazieren und erkunden noch nichtsahnend die Gesetze und Grenzen eines gewaltigen großen Terrains. Die kurzen, überschaubaren Stücke haben etwas immens Rührendes, sie handeln von *Laut* und *Leise*, *Vor* und *Zurück*, beinahe wie Elementarskizzen. Anfangs habe ich die Stücke noch in zu großer Lautstärke gehört, als könnte ich sie mir auf diese Weise besonders gut einprägen, dann aber lasse ich den Knaben sehr leise spielen, es ist, als hörte ich die kleinen Stücke von nebenan, so verhuschen sie und tanzen schließlich im frühen Winterlicht, draußen ...

28.-30. Januar 2005. Draußen, im Garten, liegt dichter Schnee, seine leicht verkrustete und vereiste Oberfläche glänzt jetzt am Abend. Als ich durch den Schnee hinüber in das kleine Musikzimmer des Gartenhauses gehe, erinnere ich mich plötzlich wieder an bestimmte Winterwochenenden in Salzburg. Salzburg ist mir immer wie eine winterliche Stadt vorgekommen, das Schneeweiß auf seinen Dächern brachte die Häuser der Altstadt unter der Burg noch enger zusammen und war ein starker Kontrast zu den schon am Nachmittag im tiefen Schattendunkel versinkenden Gassen, in denen sich am frühen Abend eine Bergeiseskälte breitmachte. Schon die bloße Erinnerung an Mozarts Geburtsstadt und vor allem die Erinnerung an das Geburtshaus, *Getreidegasse 9,* wecken also bestimmte Bilder, immer wieder steht mir die alte Raum-Konstellation vor Augen, in der die ersten Kompositionen entstanden.

Nach Aussagen der Schwester soll der Knabe am liebsten spätabends und oft bis tief in die Nacht Klavier geübt und auf dem Klavier improvisiert haben. Seine ersten Kompositionen entstehen im Winter, im familiären

Kosmos weniger Stuben, in denen er vom ersten Tag seines Lebens an den Vater und die Schwester Musik machen hörte, er selbst erhält väterlichen Unterricht spätestens seit seinem vierten Jahr.

Was sind das für Kompositionen, diese ersten, kleinen Stücke? Über das pure Klavierüben hinaus markieren sie einen *Überfluß* und so etwas wie die Ahnung einer eigenen Stimme. Ihr C-Dur ist weniger kindlich als autonom: *Hier bin ich!* …, ich trete hervor, diese ersten Stücke wollen sich abheben von dem familiären Musizieren und Spielen, indem sie einen ersten Beweis davon liefern, daß der Knabe die Musik nicht nur *spielt*, sondern *versteht*: Der Zauber der Wiederholung, der Zauber, ein Motiv mehrere Takte lang bis zu einem guten Ende zu führen …, genau davon handeln die kleinen Stücke.

Sicher waren die ersten Kompositionen Teil des ununterbrochenen Gesprächs zwischen Vater und Sohn und damit eines Gesprächs zwischen einem geduldigen, fortschrittlichen Lehrer und einem aufnahmebereiten, genial disponierten Schüler. Indem der Vater sie aufschrieb, erkannte er sie als eigenständige Hervorbringungen des Sohnes an und fixierte den Stand seines Könnens, hier und da mag er nachgeholfen oder eine Wendung verbessert haben, darauf jedoch kommt es letztlich nicht an, wichtiger ist, daß er den Kompositionen im *Notenbuch* einen Platz neben Kompositionen bekannter Meister einräumt. Natürlich war Leopold aber auch überrascht und erstaunt, eine erste Anmerkung markiert genau dieses väterliche *Erstaunen*: »Des

Wolfgangerl Compositiones in den ersten drei Monaten nach seinem 5ten Jahre« (I, 48).*

1761/62 entstehen noch weitere kurze Klavierkompositionen, die Fortschritte von Stück zu Stück sind unüberhörbar, denn der Knabe arbeitet von nun an in einer *Werkstatt*: Er zeigt, daß er ein Stück mit einem markanten Motiv eröffnen und dieses Motiv beantworten und fortführen kann, er studiert die Wirkungen von Kontrasten im mittleren, retardierenden Passus, und er genießt die triumphierende Wiederkehr zum Ausgangsmotiv des Stückes in seinem Schlußteil. So testet und erprobt er kurze Spiel-Muster, variiert sie, es ist die Zeit des Hinhorchens und des Abtastens des großen Korpus Musik.

Mozarts erste Kompositionen verwandeln das Musikzimmer in den Raum einer Kompositionsstube. Indem ich mir Mozarts frühste Klavierkompositionen anhöre, befinde ich mich am Eingangsportal zu einem gewaltigen Kosmos, der sich über seine familiäre Herkunft hinaus zunächst auf Salzburg und dann auf das ganze musikalische Europa hin ausdehnen wird. Erstaunlich ist das Selbstbewußtsein, das sich in jedem dieser ersten Takte artikuliert, sie haben etwas Auftrumpfendes, Zielstrebiges, es ist beinahe so, als mache sich dieses Kind

* Zitate in diesem Text beziehen sich, falls nicht anders vermerkt, auf die *Gesamtausgabe der Briefe und Aufzeichnungen*, hrsg. von der Internationalen Stiftung Mozarteum, gesammelt und erläutert von Wilhelm A. Bauer und Otto Erich Deutsch, Kassel u.a. 1962ff. (Römische Ziffer = Bandzahl, arabische Ziffer = Seitenzahl).

entschlossen auf den Weg und als lade es auch alle Zuhörer ein, sich mit ihm auf den Weg zu machen …

30. Januar 2005. Seit dem Mittag bin ich mit einer Schar von zwölf Kindern im Stuttgarter Zoo unterwegs, ich bin die Aufsichtsperson, aber als solche will ich nicht in Erscheinung treten, ich möchte nur ganz am Rande erscheinen, unsichtbar bleiben, den herumtollenden Kindern den Gang überlassen und nur zur Stelle sein, wenn eines der Kinder mich braucht. In meinem Rucksack habe ich zum ersten Mal den MP3-Player und Mozarts Musik dabei, die Kopfhörer und das Musikhören erscheinen mir als ideale Zeichen der *Abgrenzung*, als Zeichen, die den Kindern dann und wann demonstrieren, daß sie mich nicht weiter zu beachten brauchen.

Da auch im Zoo reichlich Schnee liegt, halten sich fast alle Tiere drinnen, in den großen, mit den Tier-Aromen durchtränkten Häusern auf, endlich ist man ihnen ganz nahe, und die Wärter nehmen sich Zeit, sich mit ihnen zu beschäftigen. Im Elefantenhaus sind die Tiere angekettet und werden mit einem kräftigen Wasserstrahl aus einem schweren Schlauch abgespritzt, die Kinder stehen ganz vorn, direkt vor dem Graben, und beobachten das Schauspiel in allen Einzelheiten. Ich aber habe mich in den hinteren Teil des großen Hauses auf eine an der gesamten Rückfront entlanglaufende Bank zurückgezogen, dort setze ich die Kopfhörer auf, und sofort verwandelt sich die gehörte Musik in eine Art *Filmmusik* zu den Bildsequenzen vor meinen Augen. Welche Musik aber könnte genau diese Sequenzen begleiten? Keine öffentliche, keine Repräsentationsmusik, sondern eine Musik, die sich klein macht und sich diesen sehr entlegenen Szenen anschmiegt, nur sehr wenige Instrumente, die auf ruhige Weise, bei sich bleibend, etwas Gelöstes, Freundschaftliches vermitteln. Eine Musik also am Rande, die niemand angestrengt zur Kenntnis nimmt, sondern die einige Musikanten zu ihrem eigenen Vergnügen aufführen, indem sie gleichsam auf dem Umweg über ihre Instrumente eine Art zweiter Konversation betreiben. Ich wähle die fünf *Divertimenti* (*KV 439b*) für zwei Klarinetten und Fagott, die Mozart wohl für musizierende Freunde komponierte und die von diesen Freunden dann in privatem Kreis gespielt wurden. Es sind unaufdringliche, sehr gelassene und in sich versunkene Stücke abseits vom Aufputz, den Stücke für den Aufführungs- und Konzertbetrieb haben. Die drei selbständig und dann wieder zu wechselnden kleinen Gruppen geführten Instrumente wenden sich an niemanden, sondern sprechen nur miteinander. Dabei werden die beiden helleren Klarinetten von dem tieferen Fagott gerahmt, gestützt, gehalten und immer wieder auf den Weg geschickt. Klarinetten und Fagott – diese minimalistische Kombination entspricht genau dem, was ich sehe: Die schweren, sich kaum bewegenden Elefanten, die zur Ruhe gekommenen Kinder, die über den Graben hinweg spähen, ohne von den Tieren jetzt irgendwelche Auftritte oder Kunststücke zu erwarten. Es ist beinahe so, als beziehe sich diese Musik auf die eigentümliche Würde der Tiere, die in diesen Häusern weniger angegafft und ausgestellt als mit einer gewissen Zutraulichkeit beobachtet werden.

– Darf ich auch mal hören?, fragt eines der Kinder, das nach einer Weile neugierig zu mir kommt.
– Na klar, sage ich, na klar darfst Du.

Ich gebe die Kopfhörer weiter, das Kind lauscht, es hat alles mögliche erwartet, nur nicht *diese* Musik. Während es weiter hinüber zu den Elefanten starrt, öffnet sich sein Mund unmerklich zu einem Staunen, das allmählich übergeht in ein Lächeln. Als es sich dieses Lächelns gewiß ist, wendet es den Kopf und schaut mich an, und als ich zurücklächle, schaut es wieder vergnügt zu den Elefanten hinüber und bemerkt gar nicht die regelmäßigen Bewegungen der knapp über dem Boden hin und her wippenden Füße.

Ich höre die fünf *Divertimenti KV 439b* im Elefantenhaus des Stuttgarter Zoos nicht als *Hintergrund-*, sondern als *Film-Musik*. Als *Film-Musik* begleiten sie nämlich nicht nur das Geschehen, sondern treten in enge Verbindungen zu den Bildern, in diesem Fall könnte man sogar davon sprechen, daß die Bilder genau diese Musik evoziert haben. (Indem ich mir klarmachte, um welche Bilder es sich handelte, machte ich mir klar, nach welcher Musik ich zu suchen hatte, die Bilder waren also anfänglich nichts anderes als ein interpretatorisches Raster, mit dessen Hilfe sich Besonderheiten der Musik besser erschlossen.)

31. Januar 2005. Fünf *Klaviersonaten* (*KV 279–283*) habe ich heute während einer langen Autobahnfahrt gehört. Mir fiel auf, daß die Musik nicht zu einem Medium der Fortbewegung wird, sondern den Innenraum des Wagens polstert und ihn dadurch zu einer geschlossenen

Zelle macht. Die Landschaft ringsum wird so farbloser und monotoner und verliert gegenüber der alle Aufmerksamkeit einfordernden, intimen Musik rasch an Charakter. Als ich einem Freund am späten Nachmittag von diesen Eindrücken erzähle, berichtet er von musikpsychologischen Untersuchungen, die nachgewiesen haben, daß Autofahrer beim Hören von leiser Mozart-Musik häufiger Ampeln bei Rot überfahren. Hört man Mozart dagegen in mittlerer Lautstärke, kann die Musik angeblich zu einer beschleunigten Reaktionszeit bei unvorhergesehenen Zwischenfällen beitragen. Die *Sonate in E-Dur, KV 282*, beginnt statt des erwarteten schnellen Allegro-Satzes mit einem *Adagio*. Als ich es heute während der Zufahrt auf eine Raststätte hörte, konnte ich nicht aussteigen, bis ich es zu Ende gehört hatte, und auch die kurze Zeit über, die ich mich danach draußen aufhielt, glaubte ich, weiter dieses Adagio zu hören, und hörte es nach dem Einsteigen sofort wieder, es handelt sich um eine Musik, die alles andere absorbiert und unbedingte Versenkung fordert, bittend, vor sich hin sprechend, den Hörer unmerklich an der Hand nehmend, um ihn in die Ferne zu führen ...

02. Februar 2005. Seit der Frühe ein ununterbrochener leichter Schneefall, ein weißes Stäuben, die schwachen, kleinen Flocken drehen sich dem vereisten Boden entgegen und punktieren die erhöhten, aufgeworfenen Graspartien mit hellen Streifen und Flecken. Kurz vor Mittag fiel mir genau das richtige Stück für diese atmosphärische, kristalline Landschaftsszenerie ein, nämlich das *Glasharmonika-Quintett, KV 617*, das Mozart 1791, also in seinem letzten Lebensjahr, komponiert hat. Es handelt sich um ein Quintett für Flöte, Oboe, Viola und Violoncello, denen die Glasharmonika wie ein Solo-Instrument vorausgeht und antwortet. Zu Beginn gibt es einen kurzen dramatisch einsteigenden Satz in C-Moll, dann aber folgt ein Rondo in C-Dur, das wie ein kleiner Konzertsatz gearbeitet ist. Die sphärischen, überhellen, dabei aber winzigen Ton-Schritte der Glasharmonika schwebten über dem soliden Erd-Teppich der übrigen Instrumente, die sich in Gruppen, aber auch immer wieder einzeln, als solistische Erscheinungen, melden. Ich starrte aus dem Fenster des Musikzimmers hinaus in den Schneefall, und ich hörte, daß Mozart genau das, was ich dort draußen sah, komponiert hatte: Den Tanz der schwebenden Geister, die von den soliden Erd-Charakteren eingefangen und zur Ruhe gebracht werden. (Auch hier also der Fall einer durch Bilder evozierten und dadurch erst zu einem *besonderem Klang-Eindruck* gewordenen Musik.)

02./03. Februar 2005, nachts. Der langsame Satz des *Klavierkonzerts in c-Moll, KV 491*: Ein Stück, das einen vor innerer Anteilnahme beinahe regungslos werden läßt, während des Hörens wird man zum Kind, man lauscht nur noch, geht hinterher, blickt nicht nach rechts und links. Wie macht die Musik das? Warum habe ich immer wieder den Eindruck, daß sie sich unnachahmlich leicht einen Zugang zu den tiefsten Erlebniszentren verschafft? Die einzelnen Phrasen sind übersichtlich und kurz, sie beziehen sich eng aufeinander, sie antworten und schreiten dann kaum einen weiteren Raum ab, statt dessen geraten sie ins Gleiten, sie bekommen etwas Traumwandlerisches, Flüchtiges, zersetzen sich und belohnen einen immer wieder mit der Empfindung einer Rückkehr und Ankunft. Am schönsten sind jene Passagen, in denen das Klavier über dem weichen Orchesterteppich nur ein paar Töne auf und ab spaziert, als wollte Mozart einem etwas vormachen: So einfach ist das, so einfach, hör nur, das ist Musik, es braucht nicht mehr als die halbe Tonleiter, einmal hinauf und hinab (immer wieder hat es Hörer, wie zum Beispiel Glenn Gould, gegeben, die genau von dieser Einfachheit angeekelt waren). Im dritten Satz spürt man so etwas wie ein vibrierendes Zentrum, das die Perlenläufe des Klaviers wie kleine Kometen hinausfeuert ins Freie, vielleicht sind die innersten Bewegungen von Mozarts Musik den Bewegungen eines starken Herzens ganz ähnlich, vielleicht übersetzt diese Musik die ganze Phalanx der Herzimpulse, so daß sie uns genau mit *den* Rhythmen, Harmonien und Reflexen vertraut macht, die uns am Leben erhalten: Anspannung / Dehnung / Klopfen / Zögern / Stottern/ Rasen/ Entspannung …

03. Februar 2005: Ich habe mich nicht bremsen können, mich heute mit Kopfhörern in ein Café zu setzen, um Mozart zu hören. Als ich mit *Klaviersonaten* beginnen wollte, bemerkte ich bald, daß es mit ihnen nicht geht, der Sonaten-Klavierklang hat überhaupt nichts Geselliges, sondern eher etwas Denkerisches und wirkt in vielen Passagen wie eine Übung in Gestaltenkunde, ich hörte dem Fortgang der Musik zu und saß da wie ein vertiefter Grübler, der kein gutes Bild abgibt und so etwas doch besser nicht unter Menschen, sondern allein, zu Hause, hören sollte. An große Musik war aber auch nicht zu denken, in einem Café eine Symphonie oder eine Oper von Mozart zu hören, kommt mir völlig deplaciert vor. Als ich es eher zufällig mit dem *Klaviertrio in G-Dur, KV 496*, versuchte, stimmte alles vom ersten Moment an: Plötzlich erschien mir dieses Stück wie eine Konversation, ich konnte *zuhören* und zugleich *aufschauen*, ja, ich konnte den Blick durch das ganze Café schweifen lassen, denn diese Musik ließ mich an eine langsame Kamerafahrt mit unmerklichen Überblendungen von einer Physiognomie zur andern denken. Wie zugewandt einem die Gesellschaft ringsum erscheint! Wie man jede und jeden einzelnen in seiner Eigenheit wahrnimmt! Als wären sie alle insgeheim miteinander gut bekannt und harrten nur auf das erlösende Wort, das ihnen erlaubt, sich gemeinsam auf den Weg zu machen …

Das *Klaviertrio in G-Dur, KV 496*, als *Schauspielmusik*: Die Musik theatralisiert das Geschehen ringsum, als habe sie sich den Bewegungen der Menschen und Dinge eingeimpft.

04.-08. Februar 2005. Karneval. Die Kinder verkleiden sich jeden Tag anders und neu und sind dann bis zum Abend in ihren Kostümen unterwegs. Ich höre die *Zwölf Menuette* und die *Dreizehn Deutschen Tänze*, die Mozart für die Karnevalssaison 1791 in Wien komponiert hat. In normaler Lautstärke machen sie zu viel her und wirken aufdringlich, hört man sie jedoch pianissimo, erscheinen sie wie kurze, kaum mehr als zweiminütige, schemenhafte Erinnerungen eines uralten, kollektiven Gedächtnisses, dem gerade wieder die Anfänge der Walzer- und Dreh-Rhythmen am Ende des 18. Jahrhunderts in den Sinn kommen. (Das alles auch als ein Versuch, manchen Stücken ihre jahreszeitliche Entstehungsgeschichte zurückzugeben, sie also in genau jener Jahreszeit zu hören, für die sie komponiert wurden …)

10. Februar 2005. Warum war ich so irritiert, als ich Alfred Brendel heute abend in der Stuttgarter Liederhalle einige *Klaviervariationen* von Mozart spielen hörte? Weil ich während dieses Hörens dazu gedrängt wurde, vor allem darauf zu achten, wie Alfred Brendel diese Klaviervariationen von Mozart spielt. Eigentlich also sollte ich nicht Mozart, sondern Brendel hören, und obwohl gerade Alfred Brendel alles tut, sich nicht in den Vordergrund zu drängen und den großen Tastenvirtuosen herauszukehren, starrten alle Hörer natürlich ununterbrochen auf jede Bewegung von Alfred Brendel. Wozu gibt es überhaupt noch solche Konzerte, die einen nicht *Musik hören* lassen, sondern einem vorführen, wie Menschen *Musik spielen*? Man müßte mit geschlossenen Augen in solchen Konzerten sitzen, aber auch das brächte einen nicht weit, denn die Größe des letztlich nur störenden Konzertsaals und die Anwesenheit vieler anderer, sich unaufhörlich bemerkbar machender Zuhörer lenken einen nur ab und lassen einen die Aufmerksamkeit auf alles andere als die Musik richten.

Stücke wie Mozarts *Klaviervariationen* kann ich nur *allein hören*, und das am besten in einem geschlossenen Raum wie dem Musikzimmer, nur dann erschließen sie sich dem *Studium*, dem genauen *Hinhören*, während ich dagegen Mozarts Opern am liebsten in großer Gesellschaft höre, in einem Opernhaus also, was mich aber nicht abhält, gerade gegenüber so gestrigen Bauten wie *Opernhäusern* einen starken Widerwillen zu empfinden (Die meist viel zu große Entfernung von der Bühne, das dichtgedrängte Sitzen, die Gespräche davor, danach und vor allem die in der Pause, die unbequeme, viel zu festliche Kleidung, die während der langen Spieldauer von Opern immer unerträglicher werdende, stark parfümierte Luft, das Lächerliche und Unbeholfene vieler Bühnenarchitekturen ...).

In meiner Kindheit gab es in den Schallplattenläden noch schalldichte Kabinen, in denen man sich die neusten Aufnahmen anhören konnte, nach der Schule ging ich oft hin und verbrachte dort die elend lange und sonst meist so unattraktive Mittagszeit, in der die halbe Welt aß oder schlief oder darauf wartete, daß endlich der vitalere Nachmittag begann. Ich liebte diese Kabinen, mit all ihrer Enge und ihrem nackten und kahlen Innenleben erschienen sie mir wie ideale Hör-Räume, in denen sich nichts anderes ereignete als *die Musik selbst*.

Frage: Welche Stücke möchte ich allein, zu zweit, in kleiner oder in großer Gesellschaft hören, und was sagt die jeweilige Hör-Gesellschaft aus über die Stücke?

Frage: Welche Stücke möchte ich am frühen Morgen, mittags, am Nachmittag, am frühen Abend, am Abend, in der Nacht hören, und was sagt die jeweilige Hör-Zeit aus über die Stücke?

12.–27. Februar 2005. Studium (Klavierstücke KV 1–5, Sonaten für Klavier und Violine KV 6–15). Mozarts frühste Musik entsteht in dem familiären Binnenraum der Salzburger Wohnung in der Getreidegasse 9. Dort wächst er als jüngstes Familienmitglied auf, dessen musikalische Hochbegabung sich in drei Richtungen orientieren kann: Als erstes am Vater, der als anerkannter und unermüdlicher Lehrer zur Autorität wird; dann an der Schwester, die ihm im musikalischen Unterricht anfänglich noch voraus ist, jedoch schon bald übertrumpft wird; schließlich an der Mutter, der atmosphärischen Mitte der Familie, die den Intimrahmen des Zusammenseins inszeniert und gestaltet. Innerhalb dieser Familienkonstellation sind vielerlei Paar-Szenerien möglich: Die spielerische, ausgelassene mit der Schwester, die anhängliche mit der Mutter, die lernende mit dem Vater. Gegenüber dem Trio der drei älteren Familienmitglieder ist der junge Mozart sehr häufig der Komödiant, der die Familientonlagen rasch aufschnappt, imitiert und parodiert, als der jüngste der vier kann er sich solche Freiheiten herausnehmen.

Von hier aus kann man das erstaunliche, frühkindliche Komponieren als ein *Nach- und Hinterher-Sprechen* verstehen: Seit seiner Geburt wächst das Kind in einem täglich vor allem von der Musik geprägten Kosmos auf, in dem die einzelnen Familienmitglieder deutlich bezeichnete Orientierungsfunktionen einnehmen, durch diese Orientierungen wird das musikalische Erleben des Kindes auf mehrfache Weise geformt und gleichzeitig auf die Musik insgesamt als *gemeinsame, den Alltag transzendierende Familiensprache* hin ausgerichtet. So prägen die Charaktere der Eltern und der Schwester den Umgang mit den Instrumenten (die dadurch selbst zu Charakteren und Personen werden), ja sie prägen den Umgang mit der Musik als ganzes: Von Anfang an ist sie nichts Fremdes, sondern ein durch die Nähe der anderen Familienmitglieder geformtes Medium, das Medium besonderer Verständigung, die eigentliche Sprache neben der Sprache aus Worten und Sätzen. Beim Musizieren rückt die Familie aufs engste zusammen, sucht und stellt ihre innere Stimmigkeit her, erkundet die Übergänge zwischen den Personen und Instrumenten, weist den Instrumenten wie den Musikstücken einen jeweils eigenen Charakter zu. Durch diese besondere *Prägung* wird die Musik nie als etwas Äußerliches, bloß Konstruiertes empfunden, sondern als eine *Intimsprache*, die den Körper und den Raum, in dem sie sich aufhalten, in Klang übersetzt und während des Vorspiels den eigenen Körper auf besonders intensive Weise mit dieser Umgebung in Kontakt bringt.

Vom Klavier als dem für Mozarts ganzes Leben zentralen Klangkörper geht seine Musik aus, das Klavier teilt er zunächst mit Vater und Schwester, bis er sich in dieser Trias als der Alleinherrscher behauptet. Die Violine, deren Spiel er als nächstes erlernt, ist das Instrument des Vaters, die Singstimme ein Klangkörper der Schwester – der junge Mozart lernt nicht in Schulen und Akademien, sondern auf körperliche und unmittelbare Weise, indem er sich die musikalischen Sprachen der ihm nächsten Menschen aneignet, sie zusammenführt und variiert. Von Anfang an versteht er die Instrumente daher nicht als bloße Tonträger, sondern als musikalische

Wesen, die eine eigene Sprache besitzen und einer jeweils eigenen Behandlung bedürfen. Gelingt das, hören die Zuhörer die Instrumente *sprechen*, das Klavier, die Violine, die Singstimme – sie kommen dann gleichsam so zu sich selbst, als hätten sie den Zuhörern etwas zu *sagen*.

Hat man sich den sehr besonderen Ausgangspunkt von Mozarts Schaffen deutlich gemacht, so versteht man, warum es nur ihm als einzigem der uns heute bekannten großen Komponisten gelungen ist, in beinahe allen musikalischen Gattungen, in den Stücken für Solo-Instrumente wie in der Kammermusik, in der weltlichen wie der geistlichen Musik, in Konzerten wie Symphonien, in Singspielen wie in den verschiedensten Opernformen das Höchste zu leisten. Am Anfang seiner drei Jahrzehnte dauernden Entwicklung steht der Blick auf das einzelne Instrument als Wahrnehmung seines Charakters und seines gesamten Körpers, der einer eigenen, unverwechselbaren, nur diesem Instrument gemäßen Stimme und Stimmführung bedarf. Von diesem Beginn her ist jene merkwürdige und für Mozarts Musik so typische Beseelung zu verstehen, die dem einzelnen Instrument einen Raum und eine eigene Sprache gibt und – im nächsten Schritt – diese Sprachen so in die musikalischen Formen integriert, daß auch diese Formen etwas Eigenes, etwas von eigener Sprache und Zwiesprache offenbaren. Es ist, als habe Mozart die musikalischen Gattungen und Terrains auf menschennahe Weise zum Sprechen gebracht und als habe er nichts anderes unternommen, als ihnen eine *Psyche* zu geben, eine Psyche, die sich in den Schattierungen der Klangsprache als Wechselrede mit seiner unmittelbaren Umgebung formiert.

In der frühkindlichen Werkstatt wird diese Klangsprache getestet, geschliffen, bleibt aber noch ganz auf den engeren familiären Raum des Salzburger Geburtshauses bezogen. Beinahe die ganzen ersten sechs Jahre hält der junge Mozart sich in diesem Raum auf, dann beginnen die Reisen, zunächst für einen Monat nach München, dann für drei Monate nach Wien, schließlich für dreieinhalb Jahre durch ganz Europa. Während dieser Reisen präsentiert er sich aber nicht nur als Virtuose, der das Klavier und die Violine beherrscht und auf ihnen improvisiert, er setzt seine Kompositionen auch zum ersten Mal fremden Umgebungen aus. So lockert die Dynamik der Reisen das Fundament des frühkindlichen Kosmos und führt dazu, daß immer weitere Elemente der Außenwelten an diesen Kosmos angeschlossen werden. Freunde, Bekannte, Gönner und Mitspieler – auch sie werden allmählich zu Figuren von Mozarts musikalischen Sprachen, deren Aufbau sich nach dem Modell des Salzburger Intim-Raums vollzieht. Daher empfindet der junge Mozart auch die vielen Menschen, denen er von nun an begegnet, nicht als fremd, sondern als *Mitsprecher* und Zuträger und damit als *Ausweitung* seines musikalischen Charakter-Ensembles. Leopold, der Vater, notiert: »Der Bub ist mit allen Leuten, sonderheits mit den Offizieren so vertraulich, als wenn er sie schon seine Lebenszeit hindurch gekannt hätte.« (I, 49)

Mozarts Vertraulichkeit – durch sie eignet er sich das Fremde an, er zieht es hinein in den familiären Kosmos, der ihn auf diesen ersten Reisen in den Gestalten aller anderen Familienmitglieder begleitet und die Geschlossenheit und den Schutz seiner intimen Erfahrungen garantiert. Indem die Familie zusammenbleibt, bleibt die Intensiv-Aura einer musikalischen Umgebung gewahrt, sie ist die Voraussetzung dafür, daß das Fremde überhaupt einbezogen und an die bestehenden familiären Bindungen angeschlossen werden kann. Beinahe mühelos lernt der junge Mozart daher, an fremden und häufig nur kurz gestreiften Orten zu arbeiten und sich mit allen Sinnen auf ihre Besonderheiten einzustellen. Seine rasch wachsenden Fähigkeiten beweisen sich im leichten Erlernen der musikalischen Formen bei größtmöglicher Ausnutzung von Überraschungseffekten, in der Lust, auf kleinstem Raum noch nicht Gehörtes einzubauen, sich kurzfristig zu verlaufen, zu täuschen und allzu Vertrautes immer wieder zu unterlaufen, wodurch jene einzigartige *Quecksilbrigkeit* seines musikalischen Ausdrucks entsteht, die immer von neuem hinhören läßt. Mit der Zeit wird seine Suche nach den jeweils eigenen Charaktertönungen der Instrumente und der musikalischen Gattungen immer vielfältiger und geradezu exzessiv, wobei die mitreisende Familie gleichsam als das ununterbrochen vorhandene Aggregat dient, an das die fremden, überall aufgeschnappten Klänge, Stimmen und musikalischen Temperamente angeschlossen werden. Dadurch wirken sie sofort nahe und vertraut, und von der Basis dieser Vertrautheit her können sie verwandelt, getauscht oder maskiert werden. Plötzlich versucht sich das Klavier dann in Imitationen von Singstimmen, und plötzlich tauchen in einer Arie Wendungen auf, die sonst vor allem in Violinkompositionen erscheinen. Auf diese Weise durchdringen sich die Sprachen der Instrumente und färben aufeinander ab, wie überhaupt Mozarts kompositorisches Suchen die Musik nie der Situation oder der Sprache verordnet, sondern umgekehrt, immer vom Gegebenen, von Ort, Text oder Besetzung ausgeht, um das Einzigartige der jeweiligen Konstellationen zu bewahren und zu kultivieren.

So daß man sagen könnte: Mit seinen Reisen begibt sich Mozart auf die Suche nach einer *Elementarsprache* der Musik, die über ihre durch Traditionen bestimmte Prägung hinausgeht, indem sie sich als *intimer Umgang* mit Menschen, Räumen und Atmosphären artikuliert.

02. März 2005. Die *Sonate für Klavier und Violine, D-Dur, KV 7*, war eines der Lieblingsstücke meiner Kindheit. Vor dem Hintergrund der Salzburger Werkstatt-Kompositionen höre ich sie heute als ausgefeiltes Arrangement: Die Violine begleitet das Cembalo, betont und belebt einige Phrasen, mischt sich kurz ein, bleibt aber immer im Hintergrund und übernimmt damit die Aufgabe, den eher dünnen Cembalo-Klang *zu würzen* und die Brillanz der Cembalo-Akkorde zu unterstreichen. Der Raum, in dem diese Kontaktaufnahme stattfindet, ist der Raum der Pariser Salons und damit der eines gesellschaftlichen, über den Wohnraum der Salzburger Familie weit hinausgehenden Ambientes. Auf ihn antwortet zum ersten Mal in Mozarts Schaffen eine Musik, die mehr ist als bloßes Experiment: Die vier *Sonaten für Klavier und Violine KV 6–9* entstehen 1763/64 während der großen Europa-Reise in der französischen Hauptstadt, paarweise erscheinen sie 1764 im Druck und werden Damen des französischen Hofes und des Hochadels gewidmet. Mit ihrer Ausarbeitung verbindet sich die neue Aufgabe, mehrere Sätze (ein rasches, eröffnendes Allegro, ein langsames Andante und zwei aufeinander bezogene kleinere Menuette) zu komponieren und unter dem Dach einer Tonart (in der *Sonate KV 9* wagt sich Mozart nach Moll) zusammenzuführen. So lose eine derartige Zusammenführung noch ist, so deutlich ist andererseits auch, daß Mozart sich von den kleineren Übungsformen entfernt und – im Blick auf die Gesellschaft ringsum – beginnt, sich konzertanten Formen zu nähern.

Vom *Klavier* zum *Klavier mit Begleitung der Violine*: Die vier Pariser Sonaten geben den Instrumenten von Vater und Sohn galante, die Gesellschaft unterhaltende Manieren, sie trumpfen auf und spielen mit dem virtuosen Geschick.

Was ich aus KV 7 heraushöre, ist die *Erfindung der Paar-Idee*, ein Losziehen, Sich-Umarmen und befreites Sich-Umschauen (im Allegro), ein Platznehmen und Miteinander-Sprechen (im Andante), ein Sich-Drehen um die eigene Achse (in den beiden Menuetten), ein enges Miteinander-Sympathisieren, das die Violinstimme in den Klavier-Korpus einschreibt. Das favorisierte einleitende Allegro vermittelte mir als Kind eine erste *Idee von* Mozarts *Musik*: Frische, Direktheit, Helligkeit, Unkompliziertheit, ausgelassene Freude und: etwas Verschwenderisches.

03. März 2005. Ich habe die *Sonate für Klavier und Violine in D-Dur, KV 7,* gestern wie einen Teil des *Studiums* gehört. Daneben ist sie aber auch ein Stück, das ich nicht hören kann, ohne mich an bestimmte Szenen meiner Kindheit zu erinnern. Lasse ich mich auf ein solches Hören ein, wird das Stück zu einer *Erinnerungssequenz*, in der Wahrnehmungs- und Empfindungsweisen meiner Kindheit gespeichert sind. (Dieses Stück hat sich meiner Biographie bemächtigt, es ist ein Teil dieser Biographie, wenn ich es höre, höre ich es *biographisch*, als ein *Erlebnismoment*.)

KV 7 als ein Erlebnismoment meiner Biographie zu hören, bedeutet: Den Weg zurück suchen in jenen Raum der Kindheit, in dem genau dieses Stück seine starke Wirkung entfaltete, danach fragen, wodurch diese Wirkung entstand, das Stück als *Ur-Szene* verstehen.

Am Nachmittag gehe ich die alten Klassik-Schallplatten meiner Kindheit noch einmal durch, von denen sich einige besonders häufig gehörte noch immer in der untersten Regalzone des Musikzimmers befinden. Neben ihnen steht auch noch immer der alte Dual-Plattenspieler, er ist eine Reliquie aus den frühsten Tagen des Musikhörens, manchmal schaue ich zufällig hin und bemerke ihn wieder, und schon fluten die Erinnerungen, ganz von allein. Ich brauche nicht lange nach der bewußten Platte zu suchen, ich finde sie rasch und lege sie wieder auf, und plötzlich ist da wieder die vertraute Altherrenstimme in ihrem getragenen Kinderbelehrungston, die so tut, als erzähle sie braven Kindern von Mozarts Musik. Die Platte, die ich jetzt wieder höre, heißt

Wolfgang, von Gott geliebt, es ist eine Platte aus den fünfziger Jahren, meine Eltern haben sie mir damals zu Beginn meines Klavierunterrichts geschenkt, es war die erste Schallplatte, die nur für mich gekauft wurde, es war *meine* Platte, nur ich hörte sie, und ich habe sie so oft gehört wie keine andere Kinder-Schallplatte. Mathias Wieman ist der Erzähler und Sprecher, eine helle Knaben-Stimme liest aus Mozarts Briefen, daneben bekommt man einige seiner ersten Kompositionen zu hören. Heutzutage ist einem sofort klar, daß es eine Platte aus den fünfziger Jahren ist, die Stimmen haben etwas Pathetisch-Naives, und die Erzählungen handeln vom Wunderkind *Wolferl*, das sich auf seinen Jugendreisen angeblich ununterbrochen sauwohl fühlt, sich mit jedem, aber auch wirklich jedem, vom Kutscher bis hinauf zur Kaiserin, glänzend versteht und tief nachts, nach all seinen hinreißenden, die Zuhörer in Rage versetzenden Auftritten, noch immer nicht genug von der Musik hat, sondern sich hinsetzt und ein kleines Notenstück, drallig und frisch, aufs Papier wirft. Dem überdrehten Ton mißtraute ich schon als Kind, irgend etwas stimmte nicht mit diesen Stimmen, und auch auf den Schwarz-Weiß-Fotografien der Sprecher und Musikanten war so manches nicht ganz in Ordnung, die Knaben zum Beispiel hatten diese häßlichen Naßfrisuren, die ordentliche Kinder sich damals mit einem kurz unter den Wasserstrahl gehaltenen Kamm selbst verpaßten und die einen dann aussehen ließen wie Mamas Liebling, dem sie beim Fußball den Ball immer gleich abnehmen. Auch das Design war sehr pädagogisch und brav, doch egal, das Design interessierte mich damals nicht weiter und war ebenso wenig wie die aufgedrehten Erzählerstimmen von großer Bedeutung, die Hauptrolle spielte vielmehr ein einziges, mir ins Mark gehendes Stück: Die *Sonate für Klavier und Violine in D-Dur, KV 7* ... – das war es, mitten auf der Platte war sie plötzlich dran und dauerte nicht mehr als ein paar Minuten, doch nachdem ich sie gehört hatte, wußte ich, *das ist Musik*, ist das eine Musik!, das mußt Du sofort noch einmal hören und nochmal und nochmal ...

Damals gab es in unserem Haushalt noch keinen Fernseher, sondern nur ein einziges Radio sowie den Dual-Plattenspieler, *Musik* war zu der Zeit etwas Rares, man mußte sich um sie kümmern, man mußte Vorbereitungen treffen, wenn man sie hören wollte, also, zum Beispiel, im Schneidersitz Platz nehmen vor der geschlossenen Truhe des Plattenspielers, den Schlüssel umdrehen, den Tabernakel öffnen, die schwarz glänzende Platte aus dem Cover ziehen, sie mit den Fingern nur an den Rändern berühren und halten, sie auflegen und schauen, wie die Nadel aufsetzt auf den Rillen und sie entlangfährt. Dann kam die *Erstarrung*, was soviel bedeutete wie: Sich ganz dieser *einen* Sache verschreiben, die Augen schließen, alle Bilder verdrängen und hinein in den schwarzen und leeren Raum, in dem die Musik sich gerade abspielt. Das Klavier, die Violine ..., ich lauschte, ich strengte mich an mit dem Hören, aber Mozart zu hören erforderte keine großen Anstrengungen, die Musik fand vielmehr sofort in mich hinein, am liebsten hätte ich sie mit nach draußen genommen und wäre mit ihr ins Freie gelaufen. Die *Sonate für Klavier und Violine in D-Dur, KV 7*, hatte etwas vom Laufen und Rennen im Freien und war von einer ansteckenden Freude, schon die satten und schwungvollen Läufe gleich zu Beginn lösten eine Euphorie aus, damals erlebte ich zum ersten Mal das Glück der Musik, eine komplette Überwältigung durch Töne und Klänge. Dieses kindliche Hören, denke ich jetzt, muß etwas Körperliches gewesen sein, etwas, das den ganzen Körper erfaßte, ein Anschluß an versteckte Wärme- und Euphorie-Quellen, ein Übermaß an berauschenden Emotionen, die man als Kind in dieser Intensitätsstufe noch nicht kennt, plötzlich aber ist diese Gefühlswelle da, was macht man damit?, das Herz schlägt spürbar schneller, der Atem stockt, man zieht die Schultern ein wenig hoch, denn natürlich macht das alles auch angst und ist einem nicht ganz geheuer ..., und dann kommt wieder die Stimme des guten Onkels und erklärt einem, daß *KV 7* ein früher Geniestreich sei, da hat man ja zunächst mal einen Begriff, aha, ein *Geniestreich*, und man rennt ans Klavier und versucht sofort, auch einen Geniestreich hinzubekommen, schlägt also auf die Tasten, es muß doch möglich sein, so etwas auch gleich aus dem Stegreif zu komponieren, aber nein, stopp, das ist eine Täuschung, man bekommt es keineswegs hin, und plötzlich ist die Stimme des Onkels kein bißchen mehr freundlich, sondern verletzend und höhnisch, *Du* wirst so etwas *nie* hinbekommen, sagt sie jetzt, und man zieht den Tonarm sofort weg von der Platte und schleicht mit einem unguten Gefühl hinaus und davon ...

Ich blätterte in den zerschlissenen und mit Tesafilm notdürftig geflickten Coverseiten der alten Platte, die Abbildungen sind noch in Schwarz-weiß und sehr unscharf und kommen mir jetzt vor wie leicht verwackelte

Filmbilder aus einem alten Kostümfilm. Die erste zeigt Mozarts Geburtshaus in der Salzburger Getreidegasse in einem dünnen, suppigen Nebel, ein paar Kutschen fahren vorbei, und kleine Gruppen von Spaziergängern stehen andächtig in wahrscheinlich gedämpfter Unterhaltung auf der gepflasterten Straße, während die zweite das berühmte Aquarell des noch berühmteren Pariser Aquarellisten zeigt, *Louis Carrogis, genannt Carmontelle* schreibt das Cover, Carmontelle hat die drei musizierenden Mozarts in Paris aquarelliert: Wolferl sitzt wie eine Miniatur-Marionette am Cembalo, der Vater steht hinter ihm und spielt Violine, während die Schwester hinter dem Cembalo steht und ein Notenblatt in der Hand hält, als begleite sie die beiden mit ihrem Gesang. In meiner Kindheit müssen die beiden Bilder Ikonen gewesen sein, jedenfalls habe ich sie bis heute genau in Erinnerung behalten, ich weiß sogar noch, daß ich die Abbildung des Hauses in der Getreidegasse für keine historische Abbildung hielt, sondern glaubte, daß in Salzburg alles noch genau so aussähe, man mußte bloß hinfahren, und schon stand man inmitten dieser Kutschen und dieser sich gewiß über Wolferl und seine Geniestreiche unterhaltenden Menschen. Durch das pure Betrachten dieser Bilder entstand so eine starke und erst Ende der fünfziger Jahre wirklich befriedigte Sehnsucht: nach Salzburg zu fahren, um das Haus in der Getreidegasse und alles, was noch an Mozarts Musik erinnerte, zu sehen und vielleicht so etwas zu erleben wie ein sich in der Salzburger Traum- und Fernwelt einlösendes *KV 7*.

Und wie ging es weiter? Eng mit der eigenen Biographie verbundene Stücke markieren im Laufe der Zeit so etwas wie eine *Mozart-Hör-Biographie*: Nach *Wolfgang, von Gott geliebt* erhielt ich eine Gesamtaufnahme der *Zauberflöte*, deren Platten sehr bald zerkratzt waren, da ich den Tonarm immer wieder bei den Lieblingsarien (Papageno!, Papagena!, die Arien der Königin der Nacht!) aufsetzte und die mir fade erscheinenden Auftritte der ernsten Herrschaften (Tamino! ..., schwer erträglich ..., Sarastro! ..., gerade noch ...) zu überspringen versuchte. Auch die *Entführung aus dem Serail* wurde gleich auf erregende und fade Momente hin getestet und erhielt bald die üblichen Spuren von Duldung oder Zerstörung, während *Eine kleine Nachtmusik* für mich vielleicht das erste *sakrale* Werk war, das ich hörte, nicht nur Musik, auch nicht nur eine *Idee von Musik*, sondern etwas *Sakrales* und damit eine Unterhaltung Gottes mit einigen Auserwählten, die seine Sprache verstanden und deshalb zu antworten wußten. (*Sakrale Musik*, wie ich sie jetzt einmal nenne, hörte ich als Kind nicht immer wieder, sondern höchstens ab und zu und keineswegs nebenbei, sie richtete einen auf, wenn es einem nicht gutging, wenn ich sie hörte, betrat ich ein dunkles, geheimnisvolles, stilles Gemach, in das allmählich ein wenig Licht fiel. *Eine kleine Nachtmusik* war sakrale Musik, Schumanns *Kinderszenen* waren es auch, die *Cello-Suiten* von Bach und seine *Partiten für Violine solo* waren sakrale Musik ...)

06. März 2005. Guten Morgen! ..., und nun die Läden geöffnet und draußen der hohe Schnee, über den weiten, unendlichen Flächen hängt das Sonnenlicht ..., und dazu nun die lange, weit, weit ausschwingende Morgen-Erzählung von fünf starken Stimmen: *Streichquintett C-Dur, KV 515*, ein mattweißes C-Dur, das die Schneebilder hineinholt ins Haus und das gesamte Haus füllt, daß es summt und atmet inmitten des hohen Schnees...

08.-10. März 2005. Studium (Die Klavierstücke des Londoner Notenbuchs, KV 15). Von Paris bricht die Familie auf ihrer großen Europa-Tournee 1764 nach London auf, wo Leopold wenige Wochen nach der Ankunft schwer erkrankt und für fast einen ganzen Monat das Bett hüten muß. Während seiner Erkrankung herrscht in den drei winzigen Zimmern, die von der Familie bewohnt werden, vollkommene Ruhe, selbst das Spielen eines Instruments ist untersagt. In den erzwungenermaßen stillen Tagen vertreibt Wolfgang sich die Zeit mit kleinen Kompositionen, die er in das sogenannte *Londoner Notenbuch* einträgt. Anders als im Fall des Salzburger Notenbuchs, das ursprünglich für seine Schwester und ihre Klavierübungen bestimmt war, schreibt Wolfgang jetzt seine Kompositionen selbst auf, diesmal werden sie vom Vater weder korrigiert noch sonstwie überwacht. Auch bei den Kompositionen dieses Notenbuchs handelt es sich ausschließlich um Klavierkompositionen, um kleine Formübungen und Experimente, um Menuette oder andere Tanzstücke von kaum mehr als einer oder zwei Minuten Dauer, die ihm die einmalige Chance bieten, sich zumindest für ein paar Schritte abseits von der väterlichen Kontrolle und Lehre zu bewegen, das *Londoner Notenbuch* ermöglicht ihm ein Atemholen, einen kurzen Moment von Freiheit.

Ich höre, daß er sich an die Salzburger Übungen anlehnt, kleine Motive werden gewendet, gedreht, spazierengeführt …, gleichzeitig vermute ich, daß es unter all diesen Stücken auch einige geben wird, in denen er etwas Neues versucht und sich an Figuren erprobt, die ihm noch nicht seit langem vertraut sind. Und wahrhaftig, plötzlich höre ich das erste Stück, das *aufhorchen* läßt, es handelt sich um das *Klavierstück in D-Dur, KV 15d.* Es beginnt mit hellen Fanfaren, als eile die Musik mit einer Kutsche oder zu Pferde davon …, bis sich, völlig unerwartet, eine Rast auftut, eine Rast in unerwartetem Moll, eine Verlangsamung, schließlich ein Stehenbleiben … Noch sonderbarer aber ist das *Klavierstück in G-Dur, KV 15g*, denn es ist eine freie Fantasie, die kurz in eine Toccata übergeht und sich dann wieder in freiem Fantasieren verliert, was sich anhört, als habe der junge Mozart einem Klangeindruck nachgelauscht und als habe er diesen Klang ohne weitere Formung gewähren lassen … Und weiter: Das *Klavierstück in G-Moll, KV 15p*, mit etwa drei Minuten Dauer das längste des *Notenbuches*, ist offensichtlich eine große, dramatische Arie in mehreren Teilen, etwas Furioses, eine Rache-Szene, eine Beschwörung, die vorausweist auf die großen Szenen von Mozarts Opern …, während das *Klavierstück in D-Moll, KV 15u,* zu Beginn eine beinahe gespenstische, unheimliche Szenerie aufbaut, die erkennen läßt, daß sich Mozart auch an der Darstellung von *Atmosphären* versucht, in diesem Fall geht es ihm um die Darstellung von *Spannung*, um den Ausdruck von *gespanntem Erstarren* … Das schönste dieser Stücke aber ist das *Klavierstück in Es-Dur, KV 15kk*, denn es ist der völlig verblüffende Fall eines langsamen, gesanglichen Satzes, der bereits der langsame Satz eines späteren Klavierkonzertes sein könnte, die Melodiestimme schwebt, ohne sich in größeren Schritten zu bewegen, über einem dahinsummenden, gleichmäßig repetierenden Bass, dieses Schweben nähert sich mit seinen langsamen Melodieschritten einem Ausdruck von Zeitabgewandtheit, von vollkommener innerer Ruhe, von *Meditation* …

12. März 2005, mittags. Ich bemerke, daß bereits eine gewisse Mozart-Fixierung eingesetzt hat, denn als ich heute den ICE Richtung Frankfurt bestieg, dachte ich sofort daran, daß die Mozarts auf ihrer großen Europa-Reise von 1763 bis 1766 ebenfalls einen Teil dieser Strecke gereist sind, im Juli 1763 ging es von Ludwigsburg über Vaihingen/Enz nach Schwetzingen, von Schwetzingen weiter nach Mannheim, von Mannheim über Worms weiter nach Mainz, und von dort aus schließlich nach Frankfurt. Wie wir aus späteren Quellen wissen, hat dem jungen Mozart das beschwerliche Reisen gefallen, er nahm es als stimulierende Abwechslung wahr, ja er bedurfte der langen Reisen geradezu, um sich soviel Musik wie nur möglich anzueignen, Musik aller Sparten und jeden Geschmacks, aufgeschnappt auf der Straße wie im Opernhaus, dargeboten von vorbeiziehenden Musikanten wie von den besten Orchestern. So ist die Dynamik der Reisen von größtem Einfluß auf sein Spielen und Komponieren, denn sie entwickelt in ihm ein Empfinden für raschen Wechsel, für Zwischenspiele, für ein nicht abreißendes, sich aus dem Stegreif ergebendes Hin und Her zwischen Anstrengung und Vergnügen, Konzentration und Außenwahrnehmung. Die Proben, die Auftritte, das Spiel

– im raschen Tempo dieser Szenerien lernt er, sich eine Werkstatt einzurichten, jede Minute zu nutzen, seine Werke mit blitzartigen Einfällen zu schmücken. Im ganzen haben die Reisen daher oft den Charakter einer Jagd, immer auf der Suche nach den Gelegenheiten, die Musik zu Gehör zu bringen. Man muß die Vorlieben der jeweiligen Herrscher erahnen oder besser noch kennen, man muß eilige Nachtfahrten einlegen, um ihren Ortswechseln zu folgen, man muß alle nur möglichen Wege und Verbindungen nutzen, um ans Ziel zu kommen. Die höfische Welt erscheint auf all den Empfängen wie ein Karussell, auf dem man nie lange mitfahren kann, man springt auf für ein paar Stunden, man produziert die auf Ort und Gelegenheit abgestimmten Melodien, dann wird man wieder entlassen. In seinen Reisenotizen notiert Leopold Name und Stand all der Personen, denen die Familie bei derartigen Auftritten und im privaten Rahmen begegnet, so knüpft er ein dichtes Netz von Beziehungen, das mit der Zeit die Wege von Hof zu Hof ebnen soll. Mit seiner Hilfe will er die Entfernung zu den Zentren der Macht verringern, er will eindringen in all diese zunächst noch so verschlossen erscheinenden Höfe, Schlösser und Festungen, die umgeben sind von konzentrischen Ringen und Bahnen, auf denen die Trabanten, die Hofleute und Zubringer, kreisen. Man braucht diese Trabanten, man muß sich ihrer Gunst und Anteilnahme versichern, dem einen begegnet man ganz durch Zufall, dem anderen setzt man nach, um ihn in eine Unterhaltung zu verstricken. Schon ein einfacher Stallmeister kann viel bewirken, ein Obriststallmeister aber kann bereits die rechte Hand eines Fürsten sein, man muß es nur wissen.

Unaufhörlich zirkulieren in diesen Kreisen die Gerüchte, man muß ihnen zuvorkommen und versuchen, diese Zirkulationen zu steuern. Auch solche Bemühungen verlangen eine gewisse Virtuosität, Mozart hat das große Glück, daß sein Vater sie besitzt wie kein anderer, er ahnt meist genau, wie man sich in Szene setzen könnte, welche Schritte im jeweiligen Fall zum Erfolg führen, ja er ist ein Meister in der Kunst, Geographien zu deuten und im Gewirr der stets neuen Umgebungen den richtigen Spuren zu folgen.

Der ICE fährt in kaum anderthalb Stunden von Stuttgart nach Frankfurt, wegen Kälte und Schnee sind nicht viele Reisende unterwegs, ich finde sogar rasch ein leeres Abteil. Heute habe ich einen Discman und einige CDs dabei, den Discman schließe ich an einen kleinen Lautsprecher an, den ich auf den Sitzplätzen mir gegenüber postiere. Ich will Mozarts Musik als *Begleitmusik* hören, ich will feststellen, ob diese Musik als Begleitmusik taugt. Aus dem Zugfenster schauen, die Landschaft vorbeifliegen sehen und testen, wie die Musik diese Reise begleitet, genau darum geht es.

Aus Anlaß der Londoner Konzerte wendet sich Mozart zum ersten Mal den großen, orchestralen Formen zu, als Achtjähriger komponiert er seine ersten Symphonien. Nach den Vorbildern (vor allem der Musik Johann Christian Bachs), die er in London immer wieder zu hören bekommen hat, haben diese ersten Symphonien drei Sätze, einen festlichen, eröffnenden, der den Hörer gleichsam empfängt, aufnimmt, herumführt, einen langsamen, der ihn zur Ruhe kommen und Platz nehmen läßt, einen sehr raschen, dritten, der ihn noch einmal ganz packt, verabschiedet und dann entläßt. In einem derartigen Verlauf kommt es auf einen subtilen Wechsel zwischen Anspannung und Entspannung an, Tempi, Lautstärke, Tonarten – all das beeinflußt die Emotionen des Hörers, von eher oberflächlicher und bloß impulsiver Erregung bis hin zu intensiven, nachhaltigen Eindrücken, die bis zu den Tiefenschichten vordringen und dann später erinnert und wieder abgerufen werden können.

Ich stelle den Discman auf mittlere Lautstärke, ich lege die CD ein, ich beginne mit Mozarts erster Symphonie, der *Symphonie in Es-Dur, KV 16, erster Satz*. Ich höre nicht auf Details, ich verfolge nicht die Strukturen, ich versenke mich nicht in die Einzelheiten, ich schaue vielmehr nach draußen und nehme die Musik als Hintergrundmusik wahr. Das helle und beinahe blendende Es-Dur hat etwas Flächiges und scheint die ganze Zeit über zu dominieren, kaum Brüche, ein Strom, ein Fließen, nichts Komplexes, kein Tüfteln und Reflektieren, sondern eine einzige, fast lineare Bewegung …

Der erste Satz von *KV 16* als beinahe ideale Oberflächenmusik: Keine eindringliche, haftende, um sich selbst kreisende oder auf sich zurückkommende Erregung, sondern ein *Streifen* der Emotionen, eine *Glättung*, ein *Synchronisieren*, so daß die Emotionen *gebündelt* und auf eine *Spur* hin *ausgerichtet* werden. (Es ist beinahe so, als rhythmisierte diese Musik das *Dahingleiten* dieser langgestreckten weißen Zugwagen: ein leichtes, aber doch merkliches *Federn*, genau: ein *Federn!*)

Dieses Es-Dur ist aber nicht nur eine *Reise-*, sondern auch eine *Morgen-Musik*, eine Musik des frühen Morgens, an dem sich noch nichts abgesetzt hat und an dem man einen leichten *Anlauf in den Tag hinein* nimmt... Sie ist pure Stimulation, ein *Aufrauhen*, ein *Antippen*, ein *Anschwirren* ...

Der erste Eindruck bestätigt sich bei der weiteren Fahrt: Es handelt sich um beste *Reise-*, ja geradezu um *ICE-Musik*, sie begleitet das hohe, von einem Sitzplatz im Zug als so angenehm empfundene rasante Tempo, in den dritten Sätzen entwickeln die Symphonien sogar etwas von *rauschhafter, ekstatischer* Bewegung, die Hörner schmettern Jagdmotive, alles eilt und will teilhaben am raschen Fortkommen ... (Ginge es nach mir, würde ich genau solche Musik auswählen für den Kanal 1 des ICE-Programm-Hörangebots, des *Klassik-Kanals*, über dessen Beschallung sich kein Mensch je ernsthaft Gedanken gemacht hat, denn wer hätte je einen ernsthaften *Gedanken* dabei haben können, auf diesem Kanal Symphonien von Tschaikowskij oder Bruckner zu spielen?)

Eine herbeimusizierte Euphorie, ein leichter Rausch oder besser: ein *rusch*, ganz im Sinne dieses mittelhochdeutschen Wortes: »Wortgeschichtlich geht das Lexem ›Rausch‹ zurück auf mhd. ›rusch‹ mit der konkreten Bedeutung ›rauschende Bewegung, Anlauf, Angriff‹ ...« (Helmuth Kiesel/Sandra Kluwe: *Jenseits von Eden*. Eine Einführung in die Ideen- und Kulturgeschichte des Rauschs. In: Helmuth Kiesel (Hrsg.): *Rausch*. Berlin Heidelberg 1999, S. 1)

Zum ersten Mal komponiert Mozart Musik für ein größeres Ensemble von Instrumenten, und doch stimmt er den Verlauf dieser symphonischen Sätze ganz auf diese Instrumente (Streicher und Bläser) ab, er geht eben nicht von symphonischen Strukturen, sondern zuerst von den Instrumenten aus: Die Auswahl der Instrumente bestimmt die besondere Prägung des Symphonischen, nicht umgekehrt, ja, es ist deutlich zu hören, daß er den Instrumenten Gelegenheit gibt, bestimmte Motive und Phrasen in Szene zu setzen, wodurch sie eine jeweils besondere Tönung erhalten. Schon in seinen ersten Orchester-Kompositionen beherrscht er die Feinheiten der Instrumentierung, weiß er, welche Gruppen von Instrumenten dynamische und welche retardierende Momente auf ideale Weise gestalten. (Sein ausgeprägter *Sinn für Temperamentenwechsel*, ein auf den langen Reisen erworbenes inneres Vermögen und Gefühl für Balancen, sein *Reise-Sinn* …)

12. März 2005. Die vollkommene, ruhige Nachmittagsstunde in der Marienkapelle des Kölner Doms, vor Stefan Lochners Altar der Kölner Stadtpatrone …, als ich die sitzende, gekrönte Mariengestalt mit dem hermelingefütterten Mantel und dem scheuen, zurückgenommenen Blick im Halbdunkel direkt vor Augen hatte …, und plötzlich der langsame Satz des *Regina Coeli in C-Dur, KV 108,* ein *Adagio un poco andante*: die sacht-flehende Violinkantilene zu Beginn, in einem unerwarteten Moll, den Piano-Einsatz der weichen Sopranstimme einleitend und vorbereitend: *ora pro nobis* …

14.–23. März 2005. Studium. Am 24. Juli 1765 verläßt die Familie Mozart London und reist über Gent, Antwerpen und Rotterdam nach Den Haag, wo sie fast ein halbes Jahr bleibt. Über Brüssel geht es zurück nach Paris, und von dort aus in den Süden, nach Dijon und Lyon. Seit den Londoner Tagen träumen Wolfgang und schließlich die ganze Familie von der Komposition einer Oper, die ersten Arien im ernsten Gestus sind auch bereits vorhanden, so daß in diesen Wochen und Monaten von Italien, dem Land der Oper schlechthin, eine erste, starke Verlockung ausgeht. Von Lyon aus hätte man dorthin aufbrechen können, Angebote, in italienischen Städten zu konzertieren, liegen längst vor, aber Leopold entscheidet sich schließlich doch, das große Italien-Projekt noch etwas aufzuschieben und lieber den Heimweg nach Salzburg anzutreten. Durch die Schweiz (Genf, Lausanne, Bern, Zürich, Schaffhausen) geht es also zurück, Ende November 1766 trifft die Familie in Salzburg ein, wo die Vorplanungen zu einem Italien-Aufenthalt unverzüglich, aber vollkommen diskret und daher für die Umgebung nicht bemerkbar, beginnen. Etwas mehr als neun Monate nimmt man sich Zeit für Salzburg, bricht aber danach noch immer nicht sofort nach Italien auf, sondern reist zunächst noch einmal nach Wien. In den neun Salzburger Monaten, vom Dezember 1766 bis zum September 1767, tut sich jedoch viel, ja beinahe Unglaubliches. Vom Vater beraten und geführt, bereitet sich Mozart mit äußerster Zielstrebigkeit, Schritt für Schritt, auf seine ersten Opern-Kompositionen vor. So entstehen in diesen neun Monaten ein neunzigminütiges Oratorium (*Die Schuldigkeit des ersten Gebots, KV 35*), eine Kantate für die Fastenzeit (es handelt sich um eine *Grabmusik* für zwei Solo-Stimmen, Chor, Orgel und Orchester, *KV 42*) und eine bereits dreiaktige kleinere Oper, *Apollo und Hyazinth, KV 38*.

Daneben arbeitet der junge Mozart an kurzen *Konzerten für Klavier und Orchester*, die er während längerer Reisen bei passender Gelegenheit, von unterschiedlichsten Orchestern jeweils vor Ort begleitet, zu Gehör bringen könnte. Diese insgeheim bereits als Vorrat für seine Tourneen angelegten Kompositionen sind die sogenannten *Pasticcio*-Konzerte (*KV 37, 39–41*), unter Anleitung seines Vaters kopiert Mozart Stücke bekannter Komponisten der Zeit, instrumentiert sie neu, greift ein, verändert Details und macht dadurch, gleichsam nebenbei, erste Erfahrungen mit der Gattung des Klavierkonzerts.

Leopolds Spürsinn: Während der langen Reise hat er unermüdlich Ausschau gehalten nach neuen Stücken und das entsprechende Notenmaterial gleich besorgt, die Namen der Komponisten, deren Arbeiten Mozart dann bearbeitet, sagen uns heute nichts (Raupach, Honauer, Schobert, Eckard …), den meisten von ihnen sind die Mozarts in Paris kurz begegnet, man hat an ihrer Musik geschnuppert, man bringt sie wie eine bald *verwehte Spreu* mit nach Hause, wo der Elfjährige aus ihr den musikalischen Reiseproviant für die nächsten Tourneen gewinnt.

Ich höre die *Pasticcio-Konzerte* Satz für Satz, eins nach dem andern, ich mäste mich und stopfe mich voll mit diesen leicht verdaulichen Klängen, doch ich bemerke bald, daß ich diese Konzerte sehr *voreingenommen* höre, ich traue ihnen nichts Rechtes zu, und ich höre nur hin, wenn sich das solistische Klavier meldet: *Das also hat er damals gespielt! …, diese Läufe! …, damit hat er versucht, Eindruck zu machen! etc.* (Da ich weiß, daß er die Stücke nicht selbst »erfunden«, sondern sie nur als Werkstatt-Vorlagen für Instrumentierungs-Übungen verwendet hat, geraten sie sofort in den Verdacht, mit seinen eigenen Stücken nicht »mithalten« zu können: *Eindeutig nicht …, sie sind eindeutig schwächer …, sie sind nicht wirklich von ihm …, man hört es bis ins letzte Detail …, wie phantasielos sie doch waren, all diese Komponisten seiner Zeit! etc.*) So verläuft mein Hören zwischen schwacher Empathie und aufgedrehtem Verwerfen …

24. März 2005. Immer wieder die Lust, durch Mozarts Musik zu streunen, auf Entdeckungsreise zu gehen, ohne Ziel, der Laune und der jeweiligen Stimmung folgend. Meine heutige *Entdeckung*: Die langsamen Sätze der großen Bläser-*Serenade B-Dur, KV 361*, besonders aber der dritte Satz, ein *Adagio*, als eine der *Ur-Formen* eines intim zusammenstehenden, singenden Instrumenten-Chors, aus dem die Einzelstimmen mit unendlicher Feinheit und Zurückhaltung hervortreten, um sich dann wieder einzureihen in die gemeinsam hervorgebrachte Stimmung: ein Sich-Fallenlassen, Ansteigen, Sich-Fallenlassen, Verschwinden, Sich-Melden …

25. März 2005. Versuch, die bisherigen Hör-Eindrücke zu unterscheiden: Manche Kompositionen höre ich, indem ich sie *studiere*, das *Studium* bringt die Kompositionen mit ihrer Entstehung zusammen, ich frage mich dann nach der *Arbeit des Komponisten*, nach dem *Ort* der Komposition in der Chronologie einer *Werkstatt*. Ganz anders höre ich, wenn ich die Musik auf die alltägliche Umgebung meiner Gegenwart beziehe, denn indem ich sie im Blick auf diese Umgebung auswähle, erhält sie Funktionen von *Film-, Hintergrund-* oder *Schauspiel-Musik*. Als *Filmmusik* wird sie von den Bildern und Atmosphären um mich herum interpretiert, als *Hintergrundmusik* begleitet oder kommentiert sie diese Bilder und Atmosphären, als *Schauspielmusik* theatralisiert und verwandelt sie die Umgebung. Noch einmal andres höre ich, wenn ich bestimmte Stücke auf Szenen oder Stationen meiner Biographie beziehe. Dabei handelt es sich um Stücke, in denen Erinnerungswerte gespeichert sind und die ich nicht mehr hören kann, ohne mich zugleich zu erinnern (dann hat sich die Musik der Biographie bemächtigt, dann ist sie zu einem Erlebnismoment der Biographie geworden ...). Schließlich aber gibt es auch die Suche nach *großen Stellen*: Was für eine *Stelle*!, welche Überraschung! (Die Freude an solchen Stellen beruht auf der Lust an der Verblüffung, am nicht erwarteten Moment, an der *Schreck-Sekunde* ...)

26. März-02. April. Studium. Mit den drei großen Vokalwerken, die in den neun Monaten des Salzburger Aufenthalts 1766/67 entstehen, betreibt Leopold eine gewisse *Musikpolitik*: Der Elfjährige, von dem nach der mehrjährigen Reise alle Welt spricht, dringt mit seiner Musik in die Zentren des Salzburger Musiklebens vor, mit der Aufführung der *Schuldigkeit des ersten Gebots* besetzt er die fürsterzbischöfliche Residenz, mit der *Grabmusik* den sich an den gewaltigen Residenzbau anlehnenden Dom, mit *Apollo und Hyazinth* die große Aula der Alten Universität. Und da es in Salzburg keine feste Theatergruppe gibt, tritt die Stadt bei derartigen Aufführungen mit allem auf, was sie an Musik zu bieten hat (die Hofkapelle, Salzburger Bürgerinnen und Bürger, Gymnasiasten des Benediktiner-Gymnasiums).

Arbeitstechnisch sind solche Kompositionen für den jungen Mozart typische Fleißarbeiten, sie verlangen ein immens langes Ausharren vor dem Notenpapier und ein Sich-Hineinversetzen in Erwachsenen-Themen, sie haben eine Zurückdrängung der kindlichen Erlebens- und Bewegungsabläufe zur Folge. Dadurch aber erwirbt sich der Knabe den Status eines Erwachsenen, er wächst weit hinaus über die Kindheitsrolle des Virtuosen und bewährt sich (komponierend, dirigierend) unter höchsten Ansprüchen, vor den Augen aller, ja selbst der ersten Kreise der Salzburger Gesellschaft.

Die Schul-Aufgaben: Sich in einen Charakter und eine Gestalt vertiefen, die über längere Zeit auf der Bühne ist, einen Ausdruck finden für ihre inneren Bewegungen, ein Gespür entwickeln für musikdramatische Wirkungen.

In *Die Schuldigkeit des ersten Gebots* disputieren der Christ- und der Weltgeist über die Vorzüge des christlichen und weltlichen Lebens, sie reden auf den »lauen Christ« ein, der sich zwischen ihnen entscheiden soll, lange Rezitativ-Partien wechseln mit kurzen Arien, in denen sich Sopran- und Tenor-Stimmen bewähren und ausstellen können. Das alles erlaubt noch kein eigentliches Spiel, die Figuren sind statisch angelegt, sie teilen etwas mit und geben etwas kund, sie verschwinden im Deklamieren des gedrechselten Vokabulars (Der »laue Christ« erwacht: »Ein ungewohnter Ruf, der meinen Schlaf gestört und Höllenstrafe droht, hat mich so gar erschreckt, daß ich vor banger Forcht ...«). In den Arien aber gibt es Gelegenheiten, die meist blasse Allegoriensprache musikalisch zu dramatisieren (»Ein ergrimmter Löwe brüllet, / Der den Wald mit Forcht erfüllet ...«; »Erwache, fauler Knecht, / Der du den edlen Preis / So vieler Zeit verloren ...«; »Jener Donnerworte Kraft, / Die mir in die Seele dringen, / Fordern meine Rechenschaft ...«).

Das Neue, das eigentlich neue Erfinden: Eine musikalische Erfindung von Schreckenszuständen, von Furcht und von Angst, eine Erfindung des Drohens, des schlechten Gewissens, des Verlockens, eine Erfindung von starken Gefühlen.

Auch die am Karfreitag uraufgeführte Passionskantate der *Grabmusik* wird im Text vom Ton der barocken Disputationen beherrscht, »Die Seele« und »Der Engel« beklagen Christi Tod und vergegenwärtigen seine Heils-Bedeutung, hier aber geht es nicht um die Darstellung starker Gefühle, sondern um die Herstellung einer Atmosphäre, um die Erfindung eines musikalischen Gesamt-Raums von Trauer.

Fleißarbeiten sind beide Kompositionen auch deshalb, weil vom jungen Mozart verlangt wird, sich in sehr traditionellen und alten Genres zu bewähren. (Salzburg stellt sich ihm nach seinen Reisen als Terrain einer Überalterung dar, es bietet ihm Genres an, die nicht mehr auf der Höhe der Zeit sind. Mozarts Fleiß kommt damit noch zurecht, er arbeitet sich ab an diesen sehr harten Brocken, der Fleiß beweist sich gleichsam selbst, in späteren Jahren jedoch wird das Mozart nicht mehr genügen, um Lust oder Gewinn aus der Arbeit des Komponierens zu ziehen.)

Ich habe *Die Schuldigkeit des ersten Gebots* und die *Grabmusik* gehört, ich bin fleißig gewesen (die »Sensationen« dieser Stücke sind so minimal, daß sie nicht einmal richtig aufhorchen lassen). Ich kann diese Stücke nicht eigentlich *hören*, ich kann jeden ihrer Takte nur *verstehen*, indem ich mir ihre fraglos große Bedeutung für Mozarts musikalisches Wachstum vergegenwärtige (ein typischer Fall: die musikanalytische Rede als fader Ersatz für das Hören ..., das Hören will nicht gelingen, also ersetze ich es durch ein Aufgebot interpretierender Erläuterung ...).

Schließlich Reaktionen von Trotz: *Apollo und Hyazinth* ist als dreiaktige Komposition das erste, wirklich musikdramatische Werk, von Anfang an nehme ich mir vor, endlich etwas heraus zu hören, etwas Verblüffendes, Exzellentes, etwas, das mein fleißiges Hören rechtfertigt und belohnt.

Und wirklich, ja, von Anfang an höre ich jetzt etwas anderes, einen schlankeren, sich den Stimmen anschmiegenderen Ton, verbunden mit einem gewissen Tempo und einer grazilen Beweglichkeit. Der Text ist lateinisch, aber klingt dieses Latein nicht plötzlich wie eine Vorform des Italienischen, sorgt es nicht dafür, daß die Dialoge etwas Behendes und Zielstrebiges bekommen? Was ich also höre, ist die Auflösung der bisherigen Statik, in *Apollo und Hyazinth* ist von Beginn an jene leichte Unruhe da, die in Mozarts Opern eine so große Rolle spielen wird, etwas Umtriebiges, etwas, das auch in großen dramatischen Momenten nie ganz erlischt.

Die dreiaktige Kurzoper war als Zwischenspiel gedacht, so kann der Text sich nirgends Zeit nehmen, sondern muß komprimieren, verknappen und eilen, genau das aber kommt Mozarts Musik zugute, von einem Moment auf den andern muß sie umschalten und sich einer neuen Konstellation annehmen, die gleich darauf wieder kippt. Der Gott Apoll scheint ein Weihrauchopfer zu verschmähen und droht mit Blitz und Donner, im nächsten Augenblick besinnt er sich eines Besseren und erscheint unter den Menschen. Er verliebt sich in die Königstochter Melia und erwirbt die Zuneigung ihres Bruders Hyazinth, zieht damit aber die Eifersucht des jungen Zephyr auf sich, der sich aus dem intimen Raum des Umgangs mit Schwester und Bruder verdrängt sieht … In jedem Moment der Oper verwandelt sich die Stellung der Personen zueinander: Was eben noch als gesichert galt, kehrt sich um, die Personen binden und trennen und binden sich, bis eine scheinbar beruhigte Trias übrigbleibt.

Die Überraschung, im dritten Akt: König Oebalus hält seinen sterbenden Sohn Hyazinth in den Armen, die Orchesterstimmen begleiten das Sterben immer tonloser, nach dem Tod Hyazinths wissen Vater und Tochter nicht weiter, in all ihrer Hilflosigkeit bitten sie den verschwundenen Apoll um seine Rückkehr, es handelt sich um ein Duett von Vater und Tochter ..., aber als ich es höre, glaube ich, zwei Liebende singen zu hören.

Das Duett wird eingeleitet von einem kurzen Vorspiel, und ich höre, daß der junge Mozart zum ersten Mal das Zusammenstimmen nicht nur zweier Gestalten, sondern zweier Seelen komponiert hat, in diesem Moment ihrer absoluten Hilflosigkeit stimmen sie derart überein, daß sie an nichts anderes mehr denken, sondern sich nur noch aneinanderschmiegen, sie wagen kaum noch zu atmen, die Leere ist da, das Reden tritt auf der Stelle und ist nur noch ein Stammeln (»O daß ich ...«), dann aber stimmt die Musik ein Flehen an, sie summt es den Figuren vor, ein hilfloses, menschliches Flehen soll einen Gott rühren: den Gott der Musik.

Mozarts erster, großer *Opernmoment*: Eine Musik erfinden, die den Menschen voraus ist, die ihnen die Sprache abnimmt, die das Höchste vollbringt, indem sie den Gott der Musik rührt ...

03.–08. April 2005. In diesen Tagen nach dem Tod Johannes Pauls II. erscheint es mir zunächst unmöglich, Kompositionen von Mozart zu hören. Gerade diese Sperre verrät aber viel über den oft vorherrschenden Gestus seiner Musik, die sich mit einer mehrtägigen Trauer ganz und gar nicht verbinden läßt. Auch in den geistlichen Werken hat sie oft einen hochgestimmten, festlichen und alle irdischen Qualen weit unter sich lassenden Charakter, die meisten Messen, die er bis auf (wenige fragmentarische) Ausnahmen vor allem in seinen Salzburger Jahren für Aufführungen im Salzburger Dom komponiert hat, haben dazu noch ein rasches, bewegtes Tempo, das den Chören ein gleichbleibendes Triumphieren und Jubeln erlaubt. Einen intimeren, persönlicheren Ton hat er in seinen der Anbetung Mariens gewidmeten Stücken gewählt, besonders in ihnen artikulieren sich seine Gläubigkeit und eine aufrichtige, verhaltene Zuwendung, der jegliches spirituelles Sinnieren fremd ist. Werke in Moll dagegen gibt es unter seinen geistlichen Werken nur wenige, und es gibt kaum eines, das sich ganz und gar in Trauer vertieft, ohne den Weg zur Erlösung zumindest anzudeuten oder gar befreiend ans Ende zu setzen. (Das späte *Requiem, KV 626*, das doch wie kein anderes dieser Werke eine solche Aufgabe erfüllen müßte, erscheint mir zu gewaltig, um eine solche Trauer einzufangen, es ist mehr ein barockes, sich ausstellendes Trauern in diesem Stück als ein schlichtes Trauern, das doch etwas Stockendes, Bei-sich-Bleibendes, Regloses hat …)

Nur zwei seiner kurzen, beinahe abseitigen Kompositionen scheinen mir den strengen, einfachen Ausdruck der Bilder aus Rom einzufangen und zu begleiten. Zum einen handelt es sich dabei um ein kaum achtminütiges Offertorium (*Misericordias Domini, KV 222*), das er auch als eine Kompositionsübung im kontrapunktischen Satz verstanden und Mitte der siebziger Jahre sogar nach Mailand geschickt hat, um von keinem Geringeren als Padre Martini, einer absoluten Autorität in Fragen genau dieser kompositorischen Technik, ein offizielles Urteil über seine Bemühung in Kontrapunktik zu erhalten. *Misericordias Domini* liegt ein Text von nur einer Zeile des Alten Testaments zugrunde, deren zwei Teile gegeneinandergehalten und wiederholt werden. Der erste Teil – »Misericordias Domini« – wird meist einstimmig und damit blockartig gesungen, während der zweite Teil – »cantabo in aeternum« – kontrapunktisch vertont ist, das ausbalancierte Gegen- und Nebeneinander der beiden unterschiedlichen Techniken hat darüber hinaus aber den seltsamen Effekt, daß der wiederkehrende Teil des »Misericordias Domini« wie ein Stützstein oder sogar wie ein beharrendes Fundament erscheint, zu dem die verschlungenen, sich ausbreitenden und ausufernden Wege des »cantabo« immer wieder zurückfinden. So glaubt man, bildlich gesprochen, bewegte Scharen von Menschen ziehen, innehalten, sich verlaufen, zögern und sich umwenden zu sehen, während ihnen eindringlich und in regelmäßigen Abständen immer dieselbe beharrende, mahnende Botschaft zuteil wird: »Misericordias Domini – cantabo in aeternum …«

Gerade der für Mozarts Musik sehr ungewöhnliche altertümliche Gestus des *Misericordias* paßt genau zu den altrömischen, vatikanischen Szenerien …, was einen, anders herum gedacht, zweifeln läßt, ob Mozarts sonstige Musik überhaupt etwas mit Rom und seinen altrömischen, vatikanischen Szenerien zu tun hat … (Nein, diese Musik hat ganz und gar nichts mit *Rom* zu tun …, was aber wäre dann *vatikanische Musik*, außer etwas Gregorianik und außer einigen Messen von Palestrina?)

Das zweite geistliche Werk, das der besonderen römischen Trauer adäquat wäre, ist das große *Kyrie in d-Moll, KV 341*, das Mozart wahrscheinlich in seinen letzten Wiener Jahren komponiert und das keine Fortsetzung in weiteren Sätzen erfahren hat. Das große *Kyrie* ist ein ungewöhnlich langes Stück, es ist getragen von einem schweren, bebenden und doch gedämpft wirkenden Orchestersatz, in den sich die Chorpartien nur wie pure Deklamationen einfügen. Gerade der wenig melodische Einsatz macht diese Partien aber schlicht und überzeugend, sie deklamieren vor sich hin, sie werden nicht überhöht, nichts tritt an ihre Seite, so daß der Orchestersatz wie eine Rahmung dieser strengen Stimmen aus der Tiefe wirkt.

09./10. April 2005. Nach diesem langen Winter mit all seinen Schneemassen und den weißen Fluchten der Landschaft, nach der stillen Karwoche und der sich anschließenden Woche des päpstlichen Sterbens – lungert die letzte Kälte jetzt nur noch zwischen ein paar verlorenen Bäumen in den nahen Wäldern, sonst aber hat jetzt der Frühling begonnen, die starken Aromen der Erde sind allgegenwärtig, die Türen der Gartenhäuser stehen immer wieder einen Spalt offen, daß der Wind und die weichen Lüfte hineinschwirren und durch Blätter und Seiten wehen. Immerzu möchte man aufspringen und hinausgehen und wieder hinein, man möchte sich losmachen von allem Gedrungenen, Festen, stundenlang möchte man die Wälder durchstreifen, berühren möchte man die halbe Welt, Kontakt aufnehmen, sich mit all dieser aufkommenden, allmählichen Erregung verbinden. Genau das aber ist Mozarts eigentliche Stunde, seine Zeit, Mozarts Musik hat etwas von genau dieser Frühlingsunruhe, von diesem Vibrieren, von der Lust am Atmosphärischen, vom Schweifen, Umherziehen, Sich-Gehen-Lassen, Mozarts Musik ist Berührungsmusik, Kontaktaufnahme, weshalb sie auch so gar nicht taugt für kleine Zimmerchen oder Stubenhocker, Mozarts Musik will hinaus, in den nächsten und übernächsten, den weiteren und nächstgrößeren Raum, sie treibt sich umher, mischt sich unter die Gesellschaften, sie fährt in die Körper, daß auch sie in Bewegung geraten, Mozarts Musik ist eine Anrede der Räume, ihre Öffnung und Weitung, sie lebt auf im gesellschaftlichen Ambiente, *unter Menschen*, sie will ausgeführt werden und sich der Welt bemächtigen, deshalb ist sie nichts für den vereinsamten Instrumenten-Gebrauch, sie braucht Temperamente und Luft, man sollte sie nirgends und niemals einsperren, sie ist ein körperliches, launenhaftes, stimmungsabhängiges Element, eine körperliche Attacke, ein Attackieren, eine Freisetzung der Sinne …

Und so hörte ich denn zu diesem verspäteten Frühlingsbeginn die beiden *Lodronischen Nachtmusiken, KV 247 und 287*, Mozart hat sie für Namenstage der Salzburger Gräfin Antonia Lodron komponiert, es sind jeweils halbstündige Divertimenti für Streicher und Bläser, und sie passen exakt zur Stimmung dieser frühen Apriltage, zu dem innerlichen, kribblig machenden Aufruhr, zu dieser Lust, alle Fenster und Türen sperrangelweit aufzureißen und über Tische und Bänke zu springen. Beide Nachtmusiken haben sechs Sätze, mit Begrüßungsklängen gleich zu Beginn, mit träumerischen Schwebe-

und Abend-Nacht-Entrückungszuständen in den langsamen Sätzen, mit Menuetten, die einen wieder hinaufziehen und empor auf die Tanzflächen und mit so wunderbar trunkenen Schlußsätzen, daß man Champagner trinken möchte, damit der Champagner sich der Musik annimmt und sie Akkord für Akkord durch die Venen und Adern pumpt, genau das ist Mozarts Musik, ein Körperdurchströmen, das sich freisetzende, vitale Element des Lebens schlechthin... Während ich so die *Lodronischen Nachtmusiken* zu hören begann, erhöhte ich immer wieder die Lautstärke, noch etwas lauter, noch mehr, diese Musiken brauchen den ganzen Raum, dann aber öffnete ich auch schon die Tür und ging hinaus und stand in der Abenddämmerung, gedämpftes Licht fiel durch die Fenster nach draußen, ich ging ein Stückchen davon und schaute mich nach dem kleinen Gartenhaus um, in dem eine Gesellschaft gerade zu feiern schien, die laute Musik ließ das kleine Haus beben, das Licht erinnerte an das Licht schwacher Kerzen, und die *Lodronischen Nachtmusiken* tobten und lockten und feierten diesen verspäteten Frühlingsbeginn, daß ich das kleine Haus nicht betreten mochte, bis die Festgesellschaft der Gräfin Lodron sich mit den letzten Klängen verzogen hatte und die wenigen Reste der winterlichen Kühle sich noch ein letztes Mal ums Haus legten...

11.-15. April 2005. Studium (Rück- und Voraus-Blick). Die Jahre 1768/69 sind der erste bedeutsame Einschnitt in Mozarts Leben. Drei längere Reisen hat er bereits hinter sich, die erste nach München (1762), die zweite nach Wien (1762/63), die dritte und längste durch halb Europa, über München und Augsburg, den Rhein hinab bis

Köln, über Aachen und Brüssel bis Paris und London, durch Holland zurück, über Paris und durch Frankreich in die Schweiz und wieder nach Salzburg (1763–1766). Auf dieser dritten Reise wurde aus dem jungen Klavier- und Violinvirtuosen ein Komponist, der, ausgehend von den ersten, in Salzburg komponierten Klavierstücken, zunächst auch für das Instrument des Vaters (die Violine), bald darauf aber bereits für ein ganzes Orchester schrieb. Dabei ist Paris die Stadt der frühsten Kompositionen für Klavier und Violine, London aber die Stadt der ersten symphonischen Sätze und damit der Einübung einer Gattung, deren Gesetze für alle weiteren Kompositionen prägend sein werden. Überhaupt erscheint London im nachhinein als das eigentliche Ziel der weit nach Norden ausgreifenden Reise, von keiner Stadt hat Leopold Mozart so lebhaft und atmosphärisch dicht berichtet, in London fühlte die ganze Familie sich wohl, der Kontakt zum Königshof war unkompliziert, und das Musikleben der Stadt ermöglichte jeden Tag neue, belebende Eindrücke. Durch diese Erfahrungen entsteht in der Familie eine »London«-Phantasie, Mozart wird in seinem späteren Leben in kritischen Momenten immer wieder an diese Stadt (und sogar an eine mögliche Übersiedlung dorthin) denken, »London« ist große Musik, freies und liberales Leben, so wird »London« zu einer andauernden Sehnsucht, die – über den Namen der Stadt hinaus – eine Sehnsucht nach einer bestimmten Existenzform bezeichnet.

15 Monate bleibt die Familie 1764/65 in London ... – also beinahe fünfmal so lang wie in Paris, aus Leopolds Briefen ist – wie sonst selten – eine intensive Freude an

allem Konkreten, ja noch an den geringfügigsten Beobachtungen erkennbar, »London« ist das ferne Leben, die fremdeste Exotik, die man betrachtet wie ein Gelände auf dem Mond. Kein Salzburger, wird Leopold nach der Rückkehr von dieser Reise später notieren, ist jemals in London gewesen, »London« hat die Familie mit einer Aura umgeben, an die keine Salzburger Gespräche heranreichen werden. So wird Leopold in der britischen Hauptstadt zum Ethnologen, er erforscht die Stammesriten der verschiedenen Stämme und Stände dort, und er bringt alles, was er sieht, in Verbindung zum außerordentlichen Wachstum des Sohnes, das sich nirgendwo so beschleunigte wie in dieser Stadt: »Die Speisen sind ungemein nahrhaft, Substantios und kräftig; das Rindfleisch, Kalbfleisch und Lammfleisch besser und schöner als man es in der Welt finden kann … Der Thée Kessel ist dem ganzen Tag auf dem Feuer, und bey Besuch werden die Leute mit Thée und Butter Brod bedient: daß ist; man bringt fein aufgeschnittenes und mit Butter überstrichenes Brod. Übrigens ist der Mittag Tisch meist zwischen 2. und 3. Uhr, und auf die Nacht essen die meisten Leuthe nichts, oder nur etwa Käß, Butter und Brod, und lassen sich einen guten Krug starck bier dazu schmecken … Den 27. aprilis waren wir von 6. bis 9. Uhr bey der Königin und dem König in S:t James Park in Queens Palace, das heist: in St: Jacobs Park in der Königinn Pallast. Wir waren also schon den 5.ten nach unserer Ankunft am Hofe. Das present war zwar nur 24. guineé, die wir gleich im herausgehen aus des Königs zimmer empfiengen, allein die Gnade, mit welcher so wohl S:e Majestätt der König als Königin uns begegnet ist unbeschreiblich. Kurz zu sagen: beyder gemeinschaftlicher Umgang und beyder freundschaftliches Wesen lies uns gar nicht mehr denken, als daß dieß der König und die Königin von Engelland wären; Man hat uns an allen Höfen noch ganz ausserordentlich höflich begegnet: allein diese Art, die wir hier erfahren, übertrifft alle die andern: 8 Tage darauf giengen wir in St: James Park spaziern; der König kam mit der Königin gefahren: und obwohl wir alle andere Kleider anhatten, so erkannten sie uns doch, grüsten uns nicht nur, sondern, der König öffnete das Fenster und neigte das Haupt heraus und grüste lachend mit Haupt und Händen im Vorbeyfahren uns, und besonders unseren Master Wolfgang .. aber die Pferde! die schönen Pferde! wenn ich hundert englische Pferde zu Calais stehen hätte, die meine wären, so hätte ich schon genug ... Die Statt, die sehr schön ist, zu beschreiben, ist hier der Platz zu enge ... Alle Häuser haben die erste Wohnung unter der Erde, die 2.te zu ebenfuss hinein, und dann noch Zimmer 1 und 2 höchstens 3. Stiegen hoch. Die Wohnung unter der Erde ist Liecht, hat die grösten Fenster, und Schmitt und Schlosser, wie all andere Arbeiter haben meistens da unten ihre Arbeitsstube ... Basta! Es wird schon gut werden, wenn wir nur mit der Hilfe Gottes gesund bleiben, und wenn Gott nur unsern unüberwindlichen Wolfgang gesund erhält. Der König hat ihm nicht nur Stücke vom Wagenseil, sondern vom Bach, Abel, und Händel vorgelegt, alles hat er prima vista weggespielt. Er hat auf des Königs Orgel so gespielt, dass alle sein Orgelspielen weit höher schätzen als das Clavier spiellen. Dann hat er der Königin eine Aria, die sie Sang, und einem Flautoversisten ein Solo accompagnirt. Endlich hat er die Violin stimme der Händelischen

Arien: die von ungefehr da lagen: hergenommen, und hat über den glatten Bass die schönste Melodie gespiellet, so, dass alles in das äusserste Erstaunen gerieth. Mit einem Worte; das, was er gewust, da wir aus Salzburg abgereist, ist ein purer Schatten gegen demjenigen, was er ietzt weis. Es übersteiget alle Einbildungskraft. Er empfehlet sich vom Clavier aus, wo er eben sitzt, und des Capellmeisters Bach Trio durchspiellet, sammt uns, und es vergehet kein Tag, wo er nicht wenigst 30. mahl von Salzburg und seinen und unseren Freunden und Gönnern spricht. Er hat ietzt immer eine Opera im Kopf, die er mit lauter jungen Leuten in Salzburg aufführen will...« (I, 147–152)

»London« als lebendige und weite Atmosphäre, in der sich Mozart nicht zufällig des Orchesters bemächtigt, bringt also zugleich die Phantasie einer neuen, bald zu erobernden Gattung hervor. Eine »Opera« zu schreiben, ist eine in London entstehende Phantasie, der Mozart sich nach seiner Rückkehr nach Salzburg gezielt und in mehreren wohlüberlegten Schritten annähert. Nach den auf Salzburger Verhältnisse zugeschnittenen Fleißarbeiten (*Die Schuldigkeit des ersten Gebots, Apollo und Hyazinth*) widmet sich Mozart auf seiner zweiten Reise nach Wien (Ende 1767 bis Anfang 1769) dem ersten, ihm vom Kaiser erteilten Opernauftrag (*La finta semplice*) und kurz darauf einem kleineren Singspiel (*Bastien und Bastienne*), das den Anfang seiner über *Die Entführung aus dem Serail* bis zur *Zauberflöte* reichenden Singspiel-Kompositionen bildet. So bereitet er sich auf die Komposition größerer Opern und damit auf seine Italienreisen vor, der weiten Reise in den äußersten Norden

(London) wird die erste Italienreise (1769–1771) in den äußersten Süden (Neapel) folgen, beide Reisen verhalten sich zueinander komplementär, die erste führt zur Entstehung der »Opera«-Phantasie, die zweite verwirklicht diese Phantasie im Heimatland der Oper selbst.

Die Jahre 1768/69 bedeuten von daher den Abschluß von Mozarts Kindheitsentwicklung, und als wollte Leopold Mozart genau diesen Abschluß deutlich markieren, entwirft er 1768 ein bedeutsames Dokument, das »Verzeichniß alles desjenigen was dieser 12jährige Knab seit seinem 7ten Jahre componiert, und in originali kann aufgezeiget werden« (I, 287 ff.). Dieses Verzeichnis ist zum einen als erster Überblick über Mozarts kompositorische Entwicklung, zum anderen aber auch als ein Zeugnis gedacht, das alle bösartigen, damals in Wien verbreiteten Gerüchte bekämpfen soll. Diese Gerüchte trauen dem Zwölfjährigen die von ihm komponierten Werke nicht zu, ja sie zweifeln ihre Echtheit sogar an, weswegen sie auch der Grund für Leopolds ausdrücklichen Vermerk sind, daß die Kompositionen seines Sohnes notfalls »in originali« vorgelegt werden können. Das »Verzeichniß« beginnt mit den in Paris entstandenen Sonaten für Klavier und Violine, es nennt die ersten, wiederum nicht zufällig in London entstandenen »italienischen Arien«, es führt unter anderem Symphonien, Divertimenti, große und kleine Messen sowie weitere geistliche Werke auf, und es verweist am Ende auf jene Bühnen-Stücke, die für die Zukunft und damit für »Italien« alles erhoffen lassen, die »operetta *Bastien und Bastienne*« und »*die Opera Buffa La Finta Semplice*, die in der Original Spart 558 *seiten* beträgt« (I, 289).

Mit *La finta semplice* vertont Mozart ein Libretto, das ihn bereits nach Italien entführt, es geht auf eine Vorlage Carlo Goldonis zurück, und es spielt auf einem Landgut in der Nähe Cremonas. Noch mehr aber als die aktuelle Vorlage, der Ort und die italienische Sprache ist die spezifische Atmosphäre seiner ersten Opera buffa von Bedeutung: Das Ganze spielt unter einem südlichen, heiteren Himmel, dementsprechend bewegen sich auch die Figuren, vor allem die Frauen sind hellwache, gewitzte und ausgelassene Wesen, die die schwerfälligen und oft betulichen Männer an der Nase herumführen. Rosina, Giacinta und Ninetta (bereits ihre Namen kommen den besonderen Launen des Mozartschen Fabulierens entgegen) werden durch diese Ausgelassenheit zu seinen ersten eigenständigen Frauengestalten, sie sind die Vorläuferinnen der Frauengestalten in der *Hochzeit des Figaro* und in *Così fan tutte*, indem sie Mozarts ureigenes, musikalisches Vitalitätsbedürfnis verkörpern, das Wendige, Umtriebige, das Sich-Einstellen auf neue Räume und Situationen, die Lust an der Überraschung und die vollkommene Hingebungsfähigkeit an den Augenblick. Hört und sieht man *La finta semplice*, glaubt man, den Szenerien der späten Opern bereits ganz nahe zu sein, es ist derselbe Ton, es ist diese nirgends haltmachende Streuung von Daseinsfreude und Übermut, die zwei oder drei Paare umtreibt, sie durcheinanderbringt und wieder zusammenführt (nicht zu verstehen ist nur, wie ein Zwölfjähriger bereits fähig ist, den gelösten und doch leicht fiebrigen Gestus der Liebe zu treffen, der die kurzen Auftritte und Szenen letztlich zusammenhält).

In *Bastien und Bastienne*, Mozarts erstem deutschen Singspiel, taucht die Figur des älteren Zauberers Colas auf, der mit der Liebe anscheinend hexerisch umgehen kann. Seine große Zauberarie steht in einem drohenden, dunklen C-Moll, beginnt aber mit den Worten »Diggi, daggi, schurry, murry«, als wolle der junge Mozart den Liebesgestus einerseits bannen und andererseits nicht zu schwernehmen. Genau dieses Schwanken und Vibrieren zwischen den Extremen ist Mozarts Liebes-Gestimmtheit, die er im Blick auf seine hin und her schwankenden Paare am Leben erhält, die Paar-Idee ist die zentrale all seiner komischen Stücke, er sieht immer und nur die Zweiheit, die mögliche Berührung, die Hemmung, das Auseinander, die Annäherung und das Sich-wieder-Finden, und er tastet all diese Schritte musikalisch ab bis in die letzten Nuancen.

Wie und wo höre ich *La finta semplice* und *Bastien und Bastienne*? Ich öffne die Fenster und Türen des Gartenhauses, damit die Musik hinaus- und wieder hineinschlüpfen kann, dann aber ziehe ich mich in einen anderen Bereich des Gartens zurück und lasse die Musik allein. Die hellen, in den Rezitativen so lauthals plappernden und zwitschernden Stimmen wirken jetzt wie Frühlingsboten, wie überhaupt beide Werke sich vom ersten Akkord an als *Frühlings-Werke* zu erkennen geben. Die Szenen des späten 18. Jahrhunderts sind *Garten-Szenen*, sie spielen in intimen und überschaubaren Gärten, irgendwo tauchen Alleen und Anhöhen und kleine Landschlösser auf, ich sitze während des Spiels zunächst still an meinem entfernten Platz, nach einer Weile aber stehe ich auf und gehe umher und durchstreife den Garten und trete langsam ein in all diese sich unaufhörlich trennenden und vermischenden Kreise …

16.-17. April 2005. Zwei Wünsche als Kontraste zum Vorigen, zwei scheinbar einfache, schlichte Lieder, zwei kurze Frühlingsgeschichten: *Komm, lieber Mai (KV 596)* und *Ein Veilchen auf der Wiese stand (KV 476)*, an zwei Nachmittagen, jeweils auf derselben Bank im nahen Wald sitzend, mehrfach gehört …, mit größtem Vergnügen an der kunstvollen Schlichtheit und daran, daß Mozart die Wortbewegungen ganz ernst nimmt und ihnen mit der Musik folgt: fließend und tänzerisch im einen Fall, stockend, abbrechend und sich wieder aufschwingend im anderen. *Ein Veilchen auf der Wiese stand …* – die Musik schlüpft in jede Silbenbewegung und begleitet nur sie, diese zaghafte und vorsichtige, ja beinahe berührungsscheue Musik prägt sich den Worten ein, anstatt sie zu umschwärmen, atmosphärisch aufzuladen oder auf andere Weise »etwas aus ihnen zu machen«.

18.–21. April 2005. *Studium (Die erste italienische Reise)*. Mitte Dezember 1769 bricht der Dreizehnjährige, diesmal allein mit seinem Vater, von Salzburg aus nach Italien auf, Mutter und Schwester, die auf den früheren Reisen die Reisegesellschaft komplettiert haben, bleiben zurück. Um sie auf dem neusten Stand der Dinge zu halten, schreibt Leopold Mozart mehrmals wöchentlich einen Brief in die Heimat, auf diese Weise dokumentiert er die Reise. Zentriert um das Thema der Eroberung des musikalischen Kontinents Italien, des Landes der Oper und der Musik schlechthin, fahren die Briefe die Bewegungen der Reisenden nach, sie melden die gesellschaftlichen Kontakte, die Auftritte, sie versuchen, eine Spur des Erfolges zu zeichnen. Im Anschluß an Leopolds gleichsam offizielle Berichte, die für das Familienarchiv der Erinnerungen geschrieben werden, sendet Wolfgang den Daheimgebliebenen kurze *Nachbemerkungen*, die wie ein »Postskriptum« an den väterlichen Text angehängt sind. Im Gegensatz zu den archivarischen Eintragungen des Vaters, die sich der Details der Reise annehmen und sie verewigen wollen, sind die Textkompositionen des Sohnes von ganz anderer, direkter Natur. Am 14. Dezember 1769, einen Tag nach der Abfahrt, schreibt er zum ersten Mal, es handelt sich zugleich um eines der ersten Text-Zeugnisse überhaupt, das wir von ihm besitzen, zunächst wendet er sich in deutscher Sprache an die »Allerliebste mama«, dann in italienischer an die Schwester, »Carißima sorella mia«, zum Schluß schließlich werden noch Grüße an die Salzburger Bekannten und Freunde ausgerichtet. An die Mutter schreibt er: »Mein herz ist völig entzükket, aus lauter vergnügen, weil mir auf dieser reise so lustig ist, weil es so warm ist in den wagen, und weil unser gutscher ein galanter kerl ist, welcher, wen es der weg ein bißchen zuläst so geschwind fahrt. die reisbeschreibung wird mein papa der mama schon erckläret haben ...«(I, 292)

Seine ersten Briefsätze können als Resumé verstanden werden, sie fassen zusammen, was er in all den Kindheits- und Jugendreisejahren gelernt hat und worauf er besteht: Das Reisen ist eine Entzückung, das Äquivalent zur musikalischen Erregung, dynamisch, punktuell, eine intensive Folge von Höchstanforderungen an das improvisatorische Vermögen und eben dadurch eine Lust, vor allem dann, wenn es geschwind geschieht und der Kutscher zudem noch ein Kerl von Lebensart ist.

Ganz deutlich kann man an Mozarts »Nachschriften« zu den Briefen des Vaters beobachten, was sich in all den Jahren zuvor mit ihm ereignet hat, die »Nachschriften« zeigen es plötzlich ganz offen, denn sie zeigen ihn als einen szenisch wahrnehmenden Menschen, dessen Beobachtungs- und Wahrnehmungsgaben geschärft sind für Auftritte, Situationen und alles Ereignishafte. Vor allem aber mustert er die ihm begegnenden Menschen im Blick auf jene Momente, die er seit seinen Kinderjahren besonders aufmerksam studiert hat: Wie nahe sind ihm diese Menschen von ihrer jeweiligen Art, ihrem Umgang, ihrem Benehmen, ihrer Selbstdarstellung her und wie nahe sind sie der Musik? Wie also treten sie auf, was spielen sie und wie spielen sie es? Gegenüber der daheimgebliebenen Schwester wird das Getuschel der spielerischen Kindersprachen in Gang gehalten, gegenüber der Mutter werden Momente intimer Anlehnung und Treue gesucht, daneben wird aber nicht vergessen, die Sprachen seiner italienischen Umgebung mit einzubeziehen und sie in ihrer Aufladung für sein Arbeiten zu testen. Und so entstehen dann seine Briefschriften im Charakter von Partituren, es handelt sich um szenisch gedachte Ereignis-Botschaften, in denen er auch sein Sprechen und damit die Worte seinen musikalischen Techniken anzugleichen versucht.

»Cara sorella mia. Heunt raucht der Vesuvius starck, poz bliz und ka nent aini. Haid homma gfresn beym H:Doll, des is a deutscha Compositeur, und a brawa mo. anjezo beginne ich meinen lebenslauf zu beschreiben. Alle 9 ore, qualche volta anche alle Dieci mi sveglio, e poi andiamo. Fuor di casa, e poi pransiamo d'un tratore e Dopo pranzo scriviamo et di poi sortiamo e indi ceniamo, ma che cosa? – – Al giono di graßo, un mezzo pullo, overo un piccolo boccone d'un arrosto, al giorno di magro, un piccolo pesce, e di poi andiamo à Dormire. Est ce que vous avez compris? redma dofia Soisburgarisch don as is geschaida. Wia sand got lob gsund, do Voda und i, ich hoffe du wirst dich wohl auch wohl befinden, wie auch die mama. Se viene an altra volta la sig.: alouisia de scitenhofen fatte da parte mia il mio complimento. neapel und Rom sind zwey schlaf=stätte, a scheni schrift, net wor? schreibe mir, und seye nicht so faul, altrimente averete qualche bastonate di me. quel plaisir! Je te caßerei la tête.« (I, 357/358)

In solchen hinreißenden Briefen, die selbst in der hochentwickelten Briefkultur des achtzehnten Jahrhunderts eine Ausnahme darstellen, trifft man bereits auf Formen der Collage: Mozart verwendet mehrere Sprachen, darunter sogar die Lautschrift des Salzburger Dialekts, und er bildet mit dieser Sprachcollage den Klang- und Lautraum Italiens nach, in dem er sich gerade befindet. Italienisch als die Sprache der Musik und der Einheimischen, Französisch als Sprache der galanten Konversation, der Salzburger Heimatdialekt als Familiensprache großer Direktheit und Lautmalerei. In dieses Durcheinandersprechen eingelagert sind Passagen, die sich auf die Briefform selbst beziehen: Es gibt die ironische Absage an den ordentlichen Brief und das lineare Berichten

(»anjezo beginne ich meinen lebenslauf zu beschreiben ...«), es gibt die Häufung von Brieffloskeln, die sich der höflichen gesetzten Briefrede entziehen (»ich hoffe du wirst dich wohl auch wohl befinden ...«), und es gibt den wiederum ironischen Hinweis auf die graphische Briefgestalt (»a scheni schrift, net wor?«), den man ganz nur versteht, wenn man Mozarts Schreibbewegungen auf dem väterlichen Briefpapier verfolgt. Denn anders als das Schreiben des Vaters hält sich der Sohn nicht an die Linienführung von Zeilen und Absätzen, sondern legt sein Gekritzel um die väterliche Schrift wie ein Garn, das sich kreisförmig oder labyrinthisch um diese Vaterschrift rankt, ein Überfluß von Schrift, der sprunghaft und momentan den Schreibraum der Niederschrift selbst in Szene setzt.

Mozart entzieht sich dem Mitteilungsdruck der Sprache also dadurch, daß er sie *musikalisiert.* Im musikalischen Klingen werden die einzelnen Elemente der Collage zu einem Umspielen der väterlichen Briefschriften, die gleichsam die Motiv- und Themenvorlage bilden, die Mozart dann variiert. Indem er sich der väterlichen Archivierungssprache entzieht, verweist er auf sein einziges Können, die Musik, welche Personen zu Bühnenfiguren und musikalisch geprägten Charakteren macht. So erlebt die Sprache in Mozarts Brief gleichsam eine Fülle von Auftritten: Ihre einzelnen Figuren kündigen die Gesetze der Briefgattung auf, und Mozarts inneres Sprechen, das dem Schreiben vorausgeht, durchbricht immer wieder die Briefform: Sprache und Schrift erscheinen als Brücken zum musikalischen Ausdruck.

Unüberhörbar ist dabei aber auch, daß sich in den Briefen jene Rudimente von Mündlichkeit zeigen, die durch die domestizierende Briefform sonst unterdrückt werden. Die mündliche, zum Teil wörtlich und szenisch zitierende Rede opponiert gegen das Gesetzte und Geglättete des Brieftons, sie sprengt ihn und hinterläßt lauter auf sich selbst verweisende und für sich selbst stehende Partikel. In diesem Sinn reiht sich das Rebellische und Unruhige von Mozarts Schreiben ein in die jugendliche Widerstandskultur der letzten Jahrzehnte des achtzehnten Jahrhunderts und ist Teil ihres Aufbegehrens gegen erstarrte Traditionen. Sie unterscheidet sich von ihr aber andererseits dadurch, daß sie der erstarrten Rhetorik nicht mit dem Ideal einer eigenen Sprache, dem, was man den »eigenen Ton« nennen könnte, begegnet. Der »eigene Ton« ist in Mozarts Fall eben nicht in Sprache und Schrift auffindbar, sondern in deren Übergängen hin zur Musik. Dieser Übergangscharakter macht Mozarts Schreiben zu einem sprunghaften Hintupfen: Auf dem Briefpapier entstehen daher sprachliche Noten, die literarisch hochmoderne Verfahren wie die dadaistischen oder solche der Lautpoesie vorwegnehmen.

Das alles aber ist nur möglich, weil Mozart, der Sohn, in seinen Nachschriften während der Italien-Reisen die Sprachen und das Sprechen des familiären Binnenraums *wiederherzustellen und zusammenzuhalten* versucht. So schließen seine Satztemperamente die nichtfamiliäre Umgebung aus, sie verharren in einem Stadium der direkten Anrede, der Ausrufe, der Deklamationen, die keinen ordnenden oder sie in ein erweitertes Gedächtnis einpassenden Erinnerungsfiguren zugeschrieben werden. Mozarts Schrift ist dadurch unbedingte Gegenwart, nichts sonst, eine Vergegenwärtigung und Herstellung des Familienraums, während die Schrift des Vaters sich in erinnernder und reflexiver Manier darum bemüht, die Briefe zu historischen Dokumenten zu machen, die im Salzburger Elternhaus gesammelt und für die Nachwelt aufbewahrt werden sollen. In diesem Sinn sollen sie zu Zeugnissen des Ruhms, einer kulturellen Erinnerungsfigur par excellence, werden, die das Gedächtnis einer Person im idealen Fall bis über seinen Tod hinaus verlängert. So aber kann und will Mozart nicht denken, er archiviert nicht, er betrachtet sein Treiben nicht aus der Distanz, sondern er berichtet aus dem gleichsam glühend gehaltenen Zentrum seiner Anstrengungen, aus dem Innern der familiären Zelle, in der sich seit seinen ersten Jahren die Musik wie von selbst ergeben hat. Indem er die Briefschrift des Vaters gleichsam als ein Libretto versteht, das es sprachlich zu musikalisieren und zu dramatisieren gilt, rekonstruiert er den Erinnerungs- und Klangraum seiner Kindheit, der das Geheimnis seiner Genialität enthält und bewahrt.*

22. April 2005. Musica practica. Als ich sieben oder acht Jahre alt war, wünschte ich mir nichts mehr, als endlich auch einmal ein Stück von Mozart zu spielen. Zweimal in der Woche ging ich zu einer russischen Klavierlehrerin in die Klavierstunde und nahm in ihrer Wohnung auf einem gewaltigen, bequemen Sofa Platz. Vor mir war immer derselbe ältere Schüler dran, er nahm mich

* Vgl. Hanns-Josef Ortheil: *Mozart – im Innern seiner Sprachen. Frankfurt/M. 1982.*

nicht zur Kenntnis und spielte bereits so perfekt, daß ich mich jedes Mal etwas schämte, nach ihm an die Reihe zu kommen. Meist erhielt ich eine Tasse Tee und dazu etwas Gebäck, aber ich rührte nur selten an den trockenen und eher zur Dekoration auf den Tisch gestellten Keksen, nur den Tee mochte ich, angeblich war es russischer Tee und damit ein Tee, den ich sonst nicht bekam, weil er nur in Rußland hergestellt und nur an russische Teetrinker geliefert wurde. Solange ich auf dem Sofa saß, wurde niemals Mozart gespielt, sondern meist Stücke von Komponisten mit sehr mühsam auszusprechenden exotischen Namen, die in einer russischen Klavierschule standen und angeblich besonders für Kinder geeignet waren. Irgendwann aber, als es darum ging, neues Notenmaterial anzuschaffen, wagte ich es, Mozart ins Spiel zu bringen, ich schlug vor, einmal ein Stück von Mozart zu üben, sicher hatte doch auch er etwas für Klavier spielende Kinder geschrieben. An der Reaktion meiner Lehrerin bemerkte ich, daß ihr mein Vorschlag nicht paßte, sie sagte es nicht laut und direkt, aber es war doch zu erkennen, daß sie gegenüber Mozart erhebliche Reserven hatte. Ich hatte mir nicht vorstellen können, daß es auf dieser Erde einen Menschen gab, der Mozart nicht liebte, niemals wäre ich auf einen solchen Gedanken gekommen. Von einem Moment auf den andern aber wußte ich nun, daß es Menschen gab, die an Mozarts Musik etwas auszusetzen fanden und sie weitaus geringer achteten als etwa die Musik Beethovens. Beethoven, sagte meine Klavierlehrerin, habe für das Klavier geschrieben, Mozart im Grunde nicht, Mozart auf dem Klavier zu spielen, sei »vertrackt« und durchaus »schwierig«, ja es gebe sogar bedeutende Pianisten, die es ablehnten, Mozart zu spielen. Als ich nachfragte, um welche Pianisten es sich dabei handle, fiel zum ersten Mal der Name Glenn Gould.

Aus einem Gespräch zwischen Bruno Monsaingeon und Glenn Gould:

B. M. Ist das immer so gewesen, daß Sie nichts übrighatten für Mozart, schon während Ihrer Studentenzeit?

G. G. Soweit ich mich zurückerinnern kann.

(Dietrich Klose (Hrsg.):
Über Mozart. Stuttgart 1991, S. 267)

Damals, in den späten fünfziger Jahren, fuhr ich mit meinem Vater zum ersten Mal nach Salzburg, es war der Beginn unserer dann jährlich stattfindenden Reisen in diese Stadt, wir reisten im Sommer, im Winter, zu Aufführungen der Festspiele oder einfach nur, um ein paar Tage in Salzburg zu sein. Salzburg war eine Stadt, die uns beiden gleichermaßen gefiel, jeder von uns konnte mit ihr etwas anfangen, letztlich aber fuhren wir vor allem nach Salzburg, um dort an den verschiedensten Orten und zu den unterschiedlichsten Zeiten soviel Musik wie möglich zu hören (*Matineen* im *Kleinen Festspielhaus* oder im *Großen Saal des Mozarteums*, *Nachmittagskonzerte* im *Schloß Mirabell*, *Orgelkonzerte* im Dom, die *großen Messen* in St. Peter ..., manchmal gingen wir zweimal täglich in ein Konzert, wie Süchtige, die nicht genug bekommen konnten). Das erste Klavier-Recital, das ich in Salzburg hörte, war ein Klavier-Recital Glenn Goulds, noch heute sehe ich den schmalen, großen, begeistert wirkenden Mann vor mir, der sein Solo-Konzert mit einer *Fantasie* des Niederländers Jan Peterszoon Sweelinck (1562–1621) begann, darauf die *Suite op. 25* von Arnold Schönberg und dann – wider alles Erwarten – eine Sonate von Mozart spielte. Es war die *Sonate C-Dur, KV 330*, und sie hörte sich so schlicht, einfach und eingängig an, als könnte ich sie sofort vom Blatt spielen.

Ende der fünfziger Jahre: *Musica practica*, mit dem Mozart-Spielen beginnen, den Körper noch enger anschließen an seine Musik, den Ort oder den Raum suchen, den sie beim Spielen einnimmt …, und beinahe gleichzeitig die Annäherung an den städtischen Raum Salzburgs, an seine Konzertsäle und Aufführungsorte von Musik, an seine Cafés und Wirtshäuser, an seine Speisen, Gerüche, Stimmungen …

»Die Musik, die man spielt, entspricht weniger einer auditiven, als vielmehr einer manuellen (und in gewissem Sinn weitaus sinnlicheren) Aktivität; es ist die Musik, die Sie oder ich spielen können, allein oder mit Freunden, ohne andere Zuhörer als die Ausführenden (weitab von jeder möglichen Theatralik, von der Verführung zur Hysterie); es ist eine muskuläre Musik; der Hörsinn übernimmt darin nur eine sanktionierende Rolle; es ist, als ob der Körper hörte – und nicht die ›Seele‹; diese Musik wird nicht «auswendig» gespielt; an der Tastatur oder am Notenpult kommandiert, führt und koordiniert der Körper; er selbst muß transkribieren, was er liest: Er erzeugt Töne und Sinn: Er ist Schreiber, nicht Empfänger und Sensor.« (Roland Barthes: *Der entgegenkommende und der stumpfe Sinn*. Aus dem Französischen von Dieter Hornig. Frankfurt/M. 1990, S. 264)

Mozart-Praxis: Beim Spielen von Mozarts Klaviersonaten rühren die »Schwierigkeiten« daher, daß die Stücke aus sehr kurzen, oft abrupt abbrechenden und sich in einen anderen Charakter verwandelnden Phrasen bestehen. Für jede dieser Phrasen benötigt man eine eigene *Wachsamkeit*, sie erfordern ein Umschalten von Moment zu Moment. Der Körper wird dadurch zu einem Beobachtungs-Instrument und gleichzeitig zu einem Instrument des Synchronisierens. Es ist, als existierten die Arme getrennt von den Händen, die Hände getrennt von den Fingern und die rechte und linke Körperhälfte wiederum getrennt, jede für sich. Eine Tonleiterskala über zwei Oktaven spielt man mit den Fingern der Rechten, während der rechte Arm *fest* bleibt, um einen möglichst gleichförmigen, linearen, dahinschnellenden Klang zu erzielen; die Finger der linken Hand schlagen dazu ein paar scheinbar einfache Rhythmus-Figuren, wobei der linke Arm gelöst (*schwer/leicht*) sein muß, damit diese Figuren im Gegensatz zu den Tonleiterskalen von Ton zu Ton anders gefärbt sind … Als *Spielender* vertieft man sich in Mozarts Musik weder *technisch* noch *emotional*, sie bedeutet weder eine Herausforderung an die Virtuosität noch an das innerliche Mitgehen, sie zu spielen erfordert vielmehr eine elegante *Artistik*, etwas von einem Jonglieren, das leicht und mühelos wirken muß, so daß Mozart-Spieler oft einen geradezu *abwesenden* oder vollkommen *neutralen* Gesichtsausdruck haben. (Was sie da spielen, geht sie nichts an, die Musik bedient sich ihres Körpers als eines Instruments, dessen *Mechanik* überwacht und bedient werden muß …)

Ende der fünfziger Jahre ahnte ich von alldem noch nichts. Ich begann mein Mozart-Spiel mit der *Sonate in C-Dur, KV 545*, die Mozart als »kleine klavier-sonate für anfänger« in sein Werkverzeichnis eingetragen hatte; auf diese C-Dur-Sonate folgte die durch Glenn Gould geadelte *Sonate in C-Dur, KV 330* ... (und so ging es weiter, durch das ganze Sonatenwerk, und immer weiter, durch den Korpus der dann so überaus geliebten Klavierkonzerte, Konzert für Konzert ...)

All diese Erinnerungen führten mich heute nachmittag zum Mozart-Spiel an den Flügel zurück. Noch einmal beginnen, noch einmal die *Sonate in C-Dur, KV 545*, noch einmal die Fragen danach, was gerade diese Klaviermusik ausmacht. Solche Fragen sind die Aufgabe eines *erweiterten Studiums*, eines Studierens von Kompositionen über mehrere Tage und vielleicht sogar Wochen (ich nenne dieses Studium von nun an *Studium 2*).

23.–25. April 2005. Studium 2 (Sonate in C-Dur, KV 545, 1. Satz). Diese kleine, unschuldig tuende Melodie in der rechten Hand will über vier Takte geführt werden, wie ein leiser Gesang, zurückgenommen, ein Vor-sich-hin-Summen, etwas beinahe Nicht-Vorhandenes, während die linke Hand bloße Begleitfiguren tickt und tackt und tickt und tackt, alles, wie gesagt, vier Takte lang, darauf nämlich folgen sechs Takte Tonleitern in der Rechten, beginnend auf A, absteigend bis D, sechs Takte scheinbar naivster Tonleitern, die den feinen Gesang der ersten vier Takte jäh beenden, während die linke Hand nur etwas sehr Kurzes, Begleitendes hinhaucht, und dann machen zwei Takte Schlußfiguren dem ersten Teil auch schon ein Ende ... Und noch einmal zurück: Die kleine Melodie (der Anfang eines Liedes? Der Anfang von was?) bedarf keiner Akzente, ja nicht einmal einer besonderen Dynamik, sie soll für sich sprechen, sie flüstert sich so dahin, die Finger müssen jeden Anschlagswillen zurück nehmen und die Tasten mit immer derselben ausbalancierten Kraft berühren und drücken, während in der Linken eine ruhige Mechanik arbeitet, die ebenfalls keiner Dynamik bedarf, aber noch verhaltener gespielt werden muß als die Melodie in der Rechten ..., man hat sich gerade auf diese beiden Anschlagsmomente eingestellt, da ist auch schon alles zu Ende, denn es geht jetzt plötzlich darum, diese Tonleitern zu perlen, nicht zu schnell, bloß nicht zu schnell, sie müssen die Verbindung zu der Melodie des Anfangs noch halten, sie wollen nicht laut ausgespielt, sondern eher gesetzt sein, wie winzige Bausteine, die Finger wischen gleichsam nur kurz über die Tasten, hinauf und hinab ... Der zweite Teil beginnt mit einem Sekunden-Geflüster der Linken im Piano, das sich über fünf Takte verbreitet und säuselt und wächst, während der Rechten dazu nur ein paar hilflose, gesangliche Figuren einfallen, die wie zitiert oder geträllert wirken, Bruchstücke sind es, irgendwo herausgerissen, man kommt nicht dazu, ihnen zu folgen ..., denn nun folgen vier Takte gebrochener Akkorde, die Linke gibt an die Rechte weiter und die wiederum an die Linke, das schaukelt sich voran und greift ineinander, die Lied-Melodie und die zitierten, gesanglichen Bruchstücke sind nun allerdings vollkommen vergessen ..., vor allem überrascht uns jetzt, daß wir plötzlich auf A landen, zwei Takte lang scheint sogar ein Crescendo (das erste) in A-Moll zu wachsen, es ist unglaublich, wieso denn A-Moll, gehört sich das?, stimmt das mit den üblichen Modulationsmöglichkeiten überein?, nein, tut es nicht, A-Moll ist eine Provokation ..., und erst recht, daß diese zwei Takte A-Moll dann doch den Weg zum vorgeschriebenen G-Dur, also hin zur Dominante, finden ..., dieser erste Teil des ersten Satzes muß mit der Dominante in G-Dur enden, das weiß jedes Kind, C-Dur als Haupttonart verlangt in der Mitte des ersten Satzes G-Dur, und von A-Moll ist in den Gesetzen der Kompositionskunst nirgends die Rede ... Und: Wieso geht es nun weiter in einem wiederum überraschenden G-Moll? Einen vieltaktigen Überleitungsteil lang geht es durch so manche Tonart, wo sind wir?, was ist das?, bis die kleine Lied-Melodie des Anfangs plötzlich in F-Dur erscheint, sehr hoch, viel zu hoch im Grunde, summt sie sich aus, und dann brechen wieder die auf- und absinkenden Tonleitern hinein, die man jetzt so spielen muß, als wären all die vorhergehenden Modulationen niemals gewesen ...

All diese vier-, sechs- oder achttaktigen Temperamente, die zudem noch in beiden Händen sehr verschieden sind, bedürfen des isolierten Übens, man muß sie üben wie Satzglieder, die man später aneinanderfügt, seltsam ist nur, daß man ihre Vereinzelung beim Hören nicht bemerkt, man *hört* diese Sonate, als wäre sie aus einem Guß, hätte Mozart sie dagegen nach den üblichen Regeln komponiert, wäre sie nichts anderes als die Sonate eines der vielen, heute vergessenen Komponisten seiner Zeit. (Diese Komponisten haben auf Symmetrie und Ebenmaß hin komponiert, und eben deshalb erscheinen uns ihre Kompositionen beim Hören vollkommen verfehlt, brav und bieder, die Satzglieder und Bausteine machen sich deutlich bemerkbar, mit den Scharnieren dazwischen wissen sie nichts anzufangen, Mozart dagegen hält den musikalischen Verlauf durch winzige Regelbrüche, die dem Ohr *schmeicheln,* es beschäftigen und ablenken, *im Fluß.* Im Groben schimmern die klassischen Maße durch, in den Details ist kaum noch etwas davon wiederzuerkennen …)

Der spielende Körper aber registriert die Brüche, sie beunruhigen ihn, er würde sich gerne viel länger konzentrieren auf den Gesang der anfänglichen Melodie, wird aber gezwungen, sich laufend umzustellen, neue Befehle zu erteilen, unablässig ist er mit Koordinationen beschäftigt, und genau das macht das Mozart-Spielen so »schwierig«.

26. April 2005. Frühes Aufstehen gegen 5.30 Uhr, damit mir der Tag nicht wegläuft, dieser Tag, an dem so viel zu tun ist, ganz gegen meinen Willen, lauter unsinniges, sich dreist aufspielendes Zeugs ist heute zu tun … Doch als ich so früh im Arbeitszimmer das *Klaviertrio in G-Dur, KV 496*, auflege, ist diese Unlust schon nach den ersten Takten wie weggeblasen. Mein Gott, was für eine Aufhellungsdroge ist doch eine solche Musik, wie löst und lockert sie all diese trüben Gedanken, wie nimmt sie einen mit und wie setzt sie sich in einem fest. Man möchte aufstehen und mit ihr hinauslaufen und jemandem die Hände schütteln und eine schöne Frau umarmen und mit ihr einen weiten Weg zurücklegen, bis sich diese Lebensfreude erschöpft hat. Allein das Thema des dritten Satzes …, dieses Wippen, dieser *Swing*, nein, man kann so etwas nicht im Sitzen hören ... Und im ersten Satz, da gibt es eine Wendung, die von einem solchen *Schmelz* ist, daß es Mozart selbst gepackt haben muß, sie laufend zu wiederholen ... (Die aufblitzende, ungeheure *Schönheit* einer Motiv-Konstellation, mit der er umgeht, als habe er vor, daraus einen kleinen Schlager zu machen: noch einmal und *noch* einmal und *nochmal* ...)

Ich höre das Trio ein zweites Mal, ich komme nicht von ihm los, ich suche weiteres Futter in dieser Richtung und stoße auf das *Klaviertrio in B-Dur, KV 502*, und wieder ist da der Effekt eines *Gesprächs* der Instrumente: eine Vorgabe durch das Klavier, und die reizvollen Übernahmen der Themen durch Violine und Violoncello, mit ganz unmerklichen, feinen Nuancen der Verwandlung ..., und genau diese Wiederholungen und Umkreisungen haben etwas so Enthusiastisches und sind von einer solchen *Begeisterung* (von einem Erfülltsein, von einer Lebens-Begeisterung), daß man den ganzen Tag lang gerettet ist, ja, wirklich gerettet.

Mozarts *Klaviersonaten* sind kurze Meditationen und gleichzeitig Übungsstücke für das Klavier, sie demonstrieren technische Details, daher ähneln sie mikroskopischen Herausforderungen: ganz genau hinschauen, immer wieder, Übungen auf kleinstem Raum ...

Mehr als in den meisten dieser Sonaten (an denen man die *Praktiken* und *Absichten* seines Klavierunterrichts studieren kann) *entfaltet* sich das Klavier aber in den kammermusikalischen Werken, in den *Sonaten für Kla-*

vier und Violine, oder, hier, in diesen beiden (übrigens 1786 kurz nacheinander komponierten) *Klaviertrios*. Gerade diese kleinen, intimen Ensembles bieten Mozart einen besonders geeigneten Raum für seine Kunst, hier kann er jedem Instrument eine Sprache geben und zugleich Dialoge, Gespräche, Mitteilungen in einem Geist inszenieren, der dem Freundschafts-Geist des späten 18. Jahrhunderts nahe ist. Etwas Glühendes, Sprudelndes, Lebenstrunkenes ist darin, so daß der Klaviersatz erst hier seine Weite und eigentliche *Pracht* entfalten kann.

27. April 2005. Drei Monate des Hör-Projekts liegen jetzt hinter mir, längst bewege ich mich bereits so manisch in und mit dieser Musik, daß ich mir wirklich keinen Tag mehr ohne sie vorstellen kann. Wie von selbst haben sich kurze *Hör-Chronologien* (bestimmte Zeitabschnitte) ergeben, neben denen es aber auch immer wieder Sprünge zu späteren Stücken gibt, die ich ohne größeres Wissen von ihrer Entstehung und vom Raum, auf den sie sich beziehen, höre, als suchte ich den *puren Genuß*. Inzwischen habe ich begonnen, kleine Ranglisten der Stücke und sogar ihrer einzelnen Sätze anzulegen, die ich später einmal präzisieren und, nach Genres getrennt, auswerten möchte (die große Bedeutung der Gattungen, des *ersten* Klavierstücks, der *ersten* Oper, des *ersten* Quartetts ..., jede dieser *Erst-Kompositionen* hat etwas *Signifikantes* und bezeichnet zugleich auch ein bestimmtes Stadium in Mozarts Entwicklung ...).

Was ich in Mozarts Musik wie in keiner anderen finde, ist, schlicht gesagt, *das Glück der Musik*, Mozarts Musik macht auf befreiende Weise glücklich, mit keiner anderen ist so sehr eine Vorstellung von allen nur denkbaren Facetten von Glück und innerer Freiheit verbunden. Diese einzigartige Wirkung hat damit zu tun, daß diese Musik keine Selbstzweifel und Skrupel, keine Skepsis und kein Zögern zu kennen scheint. Vom ersten Takt und Moment an will sie den Hörer auf unnachahmlich freundliche, liebenswürdige und entgegenkommende Weise mitnehmen, hinein in eine Lebensemphase und einen Enthusiasmus, der etwas Glühendes, Brennendes und oft Rührendes hat. Ihr stärkster Gestus ist daher die Verführung, das An-die-Hand-Nehmen des Hörers, sein Umschmeicheln, seine Begleitung und Betörung. Dieser einladende Charakter macht Mozarts Musik *distanzlos*, sie will nicht studiert und zergliedert werden, sie bekennt nichts, und erst recht führt sie sich niemals als akademisch-kunstvoller Bau von Melodien und Motiven vor, eher betreibt sie so etwas wie eine *Erhellung der Psyche*, ein unablässiges, aber gleichwohl unmerkliches Befragen ihrer Fundamente und ein Durchleuchten ihrer Schatten.

Historisch gesehen, entwickelt sich diese Musik in einem äußerst günstigen Zeitraum. Die Zeit der großen, theologisch fundierten, barocken Bekenntnis-Musik ist gerade vorbei, und all die vielen, sich neu herausbildenden, die Musikentwicklung bis zum 20. Jahrhundert bestimmenden Gattungen (Trio, Streichquartett, Solo-Konzerte etc.) sind noch nicht fest etabliert. In diesem Vakuum sondiert Mozarts Musik das freie Terrain, sie entsteht in Zeiten einer sich vermehrt artikulierenden *empfindsamen Haltung*, sie nimmt Impulse eines immer selbstbewußter werdenden bürgerlichen *Emanzipations-*

und Freiheitsstrebens auf, bedient aber gleichzeitig auch noch die höfische Welt mit ihren vielen Zeremonien. Überhaupt ist sie wie kaum eine andere Musik offen gegenüber allen Ständen und sozialen Gruppen, sie integriert Anregungen, die von der Volksmusik ausgehen, ebenso wie Anregungen von den führenden Komponisten der Zeit. Mozarts virtuoses Geschick besteht darin, all diese Momente zu einem besonderen Ton zu verschmelzen, mit ihnen zu spielen, sie wie in einer Stegreifkomödie kurz auftauchen, wieder verschwinden und verwandelt neu erscheinen zu lassen. *Leichtigkeit* und *Schwerelosigkeit* sind die zentralen Gebote dieses Zaubers, man soll der Musik nicht anhören, wie sie ihre Aufgaben und Probleme löst, so verleiht Mozart ihr oft eine bestimmte Art von *Unscheinbarkeit*, ganz anders als die ihm nachfolgenden Komponisten (wie etwa Beethoven), deren Musik geradezu darauf aus ist, den *Kampf der Musik* mit ihren Mitteln und Ausdrucksformen ins Zentrum zu rücken. (Daher liefert Beethovens Musik den Stoff für die *moderne Musiktheorie*, die ihre Philosopheme bis hin zu Adornos Musikphilosophie gerade von dieser Musik bezieht und Mozart weitgehend ignoriert, Beethovens Musik handelt eben nicht vom *Glück der Musik*, sondern von ihrer Selbstbefragung und Selbstkritik ...)

30. April 2005. Studium (Streichquartett in G-Dur, KV 80). Am Abend des 15. März 1770, gegen 19 Uhr, beginnt Mozart in einem Wirtshaus des Ortes Lodi, der auf dem Reiseweg zwischen Mailand und Parma liegt, mit der Komposition seines ersten Streichquartetts. Dieses Quartett, in dem vor allem die Violinen noch große solistische Aufgaben haben, war vielleicht für Aufführungen mit italienischen Violinvirtuosen gedacht, die damals einen besonders guten Ruf hatten. Mozart will vier Streicher zusammenführen und ein musikalisches Gespräch organisieren, dem er einen virtuosen Charakter vorgibt. Wie nahe sich die Sprecher aber kommen und wie genau sie sich miteinander verständigen sollen, das ist ihm noch nicht deutlich. (Noch hat er die neue Gattung in ihren Besonderheiten nicht ganz erfaßt, noch sucht er nach den ihr eigentümlichen Gesetzen.) Im ersten (und anders als in den späteren Quartetten) langsamen Satz stellt er den schwebenden, entrückten Klang der Violinen aus, während der zweite Satz wie eine Symphonie für ein kleines Orchester wirkt. Im ganzen hat dieses erste Quartett aber auch etwas von einer Serenade oder einem Divertimento, die Streicher sind noch als Ensemble gedacht, nicht als einzelne Stimmen, die sich wirklich aufeinander einlassen und das Gespräch bis ins Intime führen. (Gerade auf diese *Intimität* wird Mozart später seine Quartette und andere kammermusikalische Formationen gründen.)

01.–04. Mai 2005. Studium (Symphonien KV 74, 81, 84). Die erste längere Station der italienischen Reise ist Mailand, Vater und Sohn erreichen die Stadt am 23. Januar 1770 und verlassen sie beinahe zwei Monate später, am 15. März, Richtung Bologna. Leopolds Briefberichte gehen an seine Frau Maria Anna und entwerfen die Bilder eines solchen Aufenthalts in charakteristischer Weise, denn die Stadt Mailand mit all ihren Details und Sehenswürdigkeiten kommt in ihnen nicht vor. Maria Anna soll sich diese Kulissen durch die Lektüre von Johann Georg Keysslers *Reisebeschreibungen* in zwei Bänden selbst zusammensetzen, sie soll mit Hilfe dieser spröden Nachrichten aus dem Süden gleichsam »im Zimmer reisen« und die Kulissen vor ihrem inneren Auge erscheinen lassen. In Wahrheit spielen sie aber keine besondere Rolle, sie sind bloße Hintergrundfolien, während sich im Vordergrund die einzig interessante Geschichte abspielt, die Geschichte der Bemühungen, auch in Mailand möglichst rasch Verbindungen zu Menschen herzustellen, die durch Verwandte, Bekannte oder Freunde in irgendeiner Beziehung zu Salzburg stehen. Im Aufspüren solcher Kontakte ist Leopold Mozart ein Meister, beinahe alle Quartiere auf dieser Reise in den Süden ergeben sich durch diese Verbindungen und erhalten die Illusion, sich beinahe ununterbrochen unter Freunden und nicht ganz und gar in der Fremde zu befinden. Das Aufzählen und der Nachweis all der Namen, die gleichsam einen schützenden Kreis bilden, machen daher einen Großteil von Leopolds Briefen und Reisenotizen aus, teilweise handelt es sich dabei um ausführliche *Listen*, die wie das Personen-Register eines Dramas angeordnet sind. Als Stationenfolge eines solchen Dramas scheint Leopold den Aufenthalt in den Städten auch zu sehen: Ein Besuch (mit all seinen Auftritten und Szenen) reiht sich an den anderen, beinahe zwangsläufig ergeben sich aus diesen Besuchen Einladungen zu Konzerten, die dann alle Freunde und Bekannte zu einem festlichen, bewundernden Kreis versammeln. Die freie Zeit an den anderen Abenden nutzt man so oft wie nur möglich zum Besuch von Opernaufführungen und Bällen, alle Aktionen dieser Tage sind ausschließlich auf das *eine* Thema der Musik hin abgestimmt. Mozart selbst vertreibt sich die Zeit mit kleineren Kompositionen (eine Motette, eine Arie, als Gastgeschenke für Freunde), wenn er Briefe schreibt, schreibt er sie an die Schwester, doch anders als der Vater berichtet er meist nicht von Italien, sondern hat Salzburg vor Augen, innerlich hat er sich von den Salzburger Zirkeln zu diesem Zeitpunkt noch nicht gelöst, auch er reist abends und des Nachts »in seinem Zimmer«, aber er reist zurück in die Heimat und stellt sich die Schwester beim Schlittenfahren und die Freunde bei ihren Vergnügungen vor.

Den Höhepunkt des Mailand-Aufenthaltes bildet am 12. März 1770 ein Konzert im Haus des Generalgouverneurs der Lombardei Graf Karl Joseph Firmian, der ein Neffe eines früheren Salzburger Erzbischofs und einer der belesensten Männer seiner Zeit ist. Über 150 adlige Gäste sind zu diesem Konzert eingeladen, es wird ein solcher Erfolg, daß Mozart am folgenden Tag einen Kompositionsauftrag für eine Oper des Mailänder Teatro Regio Ducal erhält. Da die Oper (*Mitridate, Re di Ponto, KV 87*) in der Karnevalssaison Ende Dezember uraufgeführt werden soll, ergibt sich für die italienische Reise von Vater und Sohn nun eine Struktur: Sie werden die nächsten Monate bis in den Spätsommer nutzen, um bis nach Rom und Neapel zu gelangen, spätestens im Oktober aber nach Mailand zurückkehren, damit Mozart dort im engen Kontakt mit den Sängerinnen und Sängern die Arien komponieren und das Stück einstudieren kann. So unerwartet rasch führt die erste italienische Reise zum Ziel des gewünschten Opernauftrags, daß sie zugleich die Hoffnung auf eine Anstellung irgendwo bei Hofe nährt.

Mozarts musikalische *Mitschriften* dieser Reise sind kurze, meist dreisätzige Symphonien im italienischen Stil (wie etwa *KV 74, 81, 84*), deren Kompositionen für Aufführungen in den größeren Städten gedacht sind. Er saugt die Musiksprachen Italiens auf, er komponiert für die Oper und für großes Orchester, für intimere Musik im kleineren Rahmen sind die Szenerien seiner Umgebung nicht geeignet. So »verarbeitet« sein Komponieren den ihn jeweils umgebenden Raum und die Zeit, fast immer ist es angesteckt von diesen Maßverhältnissen und Rhythmen, es *spricht* von Italien, indem es sich die Musik dieses Landes Schritt für Schritt aneignet (die drei italienischen Reisen sind die drei großen Stationen seiner *Gesellenprüfung*, er verarbeitet starke Anregungen und bewältigt die ihm gestellten, schweren Aufgaben in souveräner Manier, das Ergebnis wird seine *Meisterschaft* sein, die er, nach den drei Reisen wieder in Salzburg zur Ruhe gekommen, erkennen läßt ...).

05. Mai 2005. Studium (Mozarts Märsche und Tänze). Aus Rom schickt Mozart seiner Schwester einen *Kontretanz (KV 123)* für die Tanz-Vergnügen der Salzburger Freunde, mit genauen Anweisungen, wie die Paare ihn tanzen sollen. (Mozart hält den Kontakt, mit dieser Komposition will er unter den Freunden sein, sie bewegen, sie zu seiner Musik tanzen lassen, diese Szenen kann er sich vorstellen, sie sind Teil eines Zeremoniells und eines großen Vergnügens, dem er selbst in Italien immer wieder nachgeht, er liebt das Tanzen, das Tanzen bringt seinen unruhigen Körper auf einfachste Weise mit der Musik in Berührung, viele Momente seiner Musik haben mit Tänzen und Tanzrhythmen zu tun, vielleicht sind sie sogar der mächtigste, aber untergründigste und geheimste Strom seines Komponierens …)

Mein Erstaunen, als ich bei einer kurzen Durchsicht seiner Werke die unerwartet große Zahl von *Tanzkompositionen* bemerke, ein Erstaunen, das sich sofort mit der Idee verbindet, solche Kompositionen einmal von Freunden im Garten aufführen und spielen zu lassen, an den ersten wärmeren Tagen, an Tagen, an denen der Garten ganz aufgeblüht ist und der Blütenduft all diese Tänze, Walzer und Menuette grundieren könnte …

07./08. Mai 2005. Studium (Lektüre der Briefe aus Italien/ Miserere KV 85/Quaerite primum regnum Dei KV 86). Die kleinen prägnanten Szenen, die nach Lektüre der Briefe in Erinnerung bleiben: Wie Vater und Sohn in Mantua und Parma auf den etwas größeren Plätzen der Stadt Seiltänzern mit Hunden begegnen …, wie Mozart in Bologna unter der Aufsicht des berühmten Padre Martini zwei vierstimmige Sätze geistlicher Musik komponiert …, wie Leopold seine Briefe oft in den späten Stunden nach Mitternacht schreibt und berichtet, daß der Sohn nebenan liege und schnarche …, wie Vater und Sohn gleich nach ihrer Ankunft in Rom von einem entsetzlichen Platzregen überfallen werden …, wie der Vater den zu klein geratenen Sohn in der Peterskirche in die Höhe hebt, damit er der Bronzestatue des heiligen Petrus den Fuß küssen kann …, wie Mozart in seinen italienischen Briefen an die Schwester immer wieder ein »Tralaliera tralaliera« einfügt …, wie Mozart sich in Neapel an das Singen des Kanarienvogels in Salzburg erinnert …, wie Mozart nach der Rückreise von

Neapel nach Rom im Sitzen einschläft und vom Vater schlafend ins Bett gelegt wird …

10. Mai 2005. Ich fahre heute von Stuttgart aus mehrere Stunden hinauf in den Norden, zum Glück wird der Zug in Stuttgart eingesetzt, so daß noch viele Abteile frei sind. Ich plaziere mir gegenüber einen kleinen Lautsprecher, ich ziehe die Vorhänge zu, dieses Abteil ist nun für die Dauer der Fahrt eine Opernbühne, auf der Mozarts Oper *Mitridate, Re di Ponto*, die Ende Dezember 1770 in Mailand uraufgeführt wurde, gespielt wird. Kurz nach dem Verlassen des Stuttgarter Bahnhofs höre ich die Ouvertüre, dann hebt sich der Vorhang, und ich befinde mich in Ninfea, einer Hafenstadt auf der Krim. Mitridates, der König von Pontus, ist angeblich gestorben, so daß seine beiden Söhne in die Stadt geeilt sind, um seine Nachfolge zu regeln. Beide lieben Aspasia, die Verlobte des Vaters, die sich ebenfalls zu einem von ihnen hingezogen fühlt. Ihre Unruhe und Unsicherheit ist das Thema der ersten großen Arie, die den jetzt vierzehnjährigen Mozart vom ersten Moment an als einen Inszenator der *großen Szene* ausweist. Mein Abteil erscheint viel zu klein für diese dramatischen Koloraturen, die sich wie Girlanden zur Decke ranken und den gesamten Raum füllen. *Mitridate, Re di Ponto*, ist Mozarts erste Opera seria, und sie kreist wie auch seine späteren großen Opern um einen mächtigen Herrscher, auf den die Geschichten der anderen Gestalten bezogen sind. Wenn ich hinausblicke, sehe ich die rasch vorbeifliegende Landschaft der Krim, dichte, graue Regenwolken liegen tief über dem Land, ab und zu wird die Abteiltür geöffnet und irgend jemand versucht einzudringen, schreckt jedoch vor dem dunklen, schweren Gesang sofort zurück und schließt wieder die Tür. Dies hier ist eine Opernbühne, nichts für Neugierige. Die beiden feindlichen Brüder ziehen mit ihren Soldaten auf, die Lage spitzt sich zu, doch kurz hinter Mannheim deutet ein Marsch die Wende an: Mitridates ist keineswegs tot; von den Römern besiegt, kehrt er mit seinen Truppen in den Hafen zurück, das Gerücht von seinem Tod hat er nur ausstreuen lassen, um die Treue seiner beiden Söhne auf die Probe zu stellen. Ein Zugbegleiter betritt das Abteil, um meine Fahrkarte zu kontrollieren, er betrachtet den Lautsprecher wie ein fremdes Insekt, fragt aber nicht einmal, wie Mitridates mit der ihm gerade gemeldeten Untreue des einen Sohnes zurechtkommt. Statt dessen will er wissen, ob ich ein Getränk wünsche, und als ich ihn frage, ob er in diesem Zug vielleicht Krimsekt auftreiben könne, nennt er die Marke eines Sekts aus dem Rheingau, der es, wie er behauptet, mit jedem Krimsekt aufnehmen könne. Da es von Mannheim aus auf Mainz und Bingen und damit auch auf den Rheingau zugeht, bestelle ich eine Flasche des Rheingauer Sekts und lege nach dem ersten Akt eine Pause ein. *Mitridate, Re di Ponto*, paßt genau zu diesen fahlen, kühlen Szenerien draußen, zu den vom Regen durchtränkten Feldern, zum Leuchten der Pfützen auf den schmalen Asphaltwegen längs den Gleisen, zum hellen Holz der hochgeschichteten Holzstapel in den noch schwarzen Wäldern, zu den kleinen Friedhöfen mit ihren weißgrauen, schmalen Trostbirken, zu den Qualmschwaden über den Schornsteinen in den Industriegeländen …, beinahe jede Arie hat etwas von einem dunklen psychischen Aufruhr und von einem Verletztsein, die Figuren bewegen sich in Grenzzuständen, die Handlung spitzt sich immer mehr zu, Mitridate will nicht erleben, daß die Römer seine Truppen und ihn besiegen, daher verwundet er sich selbst tödlich, erfährt kurz vor seinem Tod aber gerade noch rechtzeitig, daß die beiden Söhne die Angriffe der Römer zurückgeschlagen haben, so daß er ihnen vergibt. Kurz vor Köln, nach mehr als drei Stunden, ist die Aufführung beendet, und ich packe meine Sachen zusammen. Als ich die Vorhänge zur Seite ziehe und das Abteil verlasse, werfe ich noch einen letzten Blick zurück in den jetzt tiefdunklen Raum, wo ein einsamer Strahler etwas Licht auf den Klapptisch wirft, auf dem eine kleine Flasche so dunkelgrün-finster schimmert, als enthalte sie noch immer einige Tropfen eines beizenden Gifts …

15. Mai 2005. Pfingsten. Nach dem morgendlichen Pontifikalamt im Mainzer Dom sitze ich noch eine Weile im linken Seitenschiff und höre Mozarts Pfingst-Antiphon *Veni sancte Spiritus (KV 47)*: An das strahlende, vom großen Chor immer wieder deklamierte »Veni« fügt sich ein »Alleluia« an, das etwas von einem überbordenden Hymnus hat; so folgt auf den Bittgesang gleich das festliche Danken, als habe Gott die flehenden Bitten ohne ein Zögern erhört.

16. Mai 2005. Studium (Ouvertüre zu »Ascanio in Alba«, KV 111). Leopold Mozarts ausführliche Briefe aus Italien vermitteln nur vereinzelt und dann nur im äußersten Piano so etwas wie eine Italien-Begeisterung (vielleicht befürchtete er auch, Salzburger Kontroll-Instanzen könnten sie lesen und von den Abwanderungsplänen der Familie ins Ausland erfahren). Die italienischen Städte und die großen landschaftlichen Szenerien kommen in ihnen kaum vor, Leopold nennt sie und zählt sie auf, gibt aber nirgends zu erkennen, ob und wie er und sein Sohn auf die grandiosen Bilder dieser alten Kulturlandschaften reagieren. Als heutigem Leser kommt es einem daher beinahe so vor, als seien die Namen der Städte austauschbar und als befänden Vater und Sohn sich nicht in einem der damals schönsten Länder der Erde, sondern als durchreisten sie Landstriche, über die man nicht viele Worte zu verlieren bräuchte. Liest man diese Schilderungen aber vor der Folie eigener Italien-Erfahrungen, so wachsen die dürren Meldungen plötzlich, ja sie erhalten sogar so viele Farben, daß sie sich am Ende in *imaginäre Bilder* verwandeln. Ein solches imaginäres Bild ist das eines Landguts in der Nähe von Bologna, das der Markgraf Pallavicini, einer der großen Förderer der Mozarts, im Sommer und Herbst 1770 gepachtet hatte. Auf dieses Gut lud er Vater und Sohn ein, sie sollten die heißen Tage, wie es die höheren Stände in Italien gewohnt waren, auf dem Land verbringen. Beinahe fünfzig Tage hielten sie sich auf dem Gut »Alla Croce del Biacco« auf, Mozart kommt hier vor der Komposition des *Mitridate* zur Ruhe, zum ersten Mal seit sehr langer Zeit hat er keine Pflichten, er komponiert nicht, er trägt niemandem etwas vor, erst jetzt erkennt man im Hintergrund von Leopolds knappen (und sich sogar hier der Ausführlichkeit verweigernden) Skizzen so etwas wie *arkadische Bilder:* »Nun haben wir einmahl recht ausgeschlaffen, und es wird unnötig seyn dir eine Beschreibung von der herrlichkeit zu machen, mit der wir bedient sind. Die zimmer und better kannst du dir einbilden, die Leinlacher sind feiner als manches Edelmans Hemder etc: alles ist vom Silber, so gar das Nachtgeschirr und das Nachtliecht etc: etc: den abend sind wir, nämlich der Wolfgang: mit Sr: Ex: der Gräfin, und dem jungen H: Grafen, und ich mit Sr. Ex: den H: Feldmarschall in 2 Sedien spazieren gefahren. Wir haben einen laufer, und einen Bedienten zu unserer Bedienung, folglich 2 Personen, und der Laufer schlaft in unserem vorzimmer um in allen fällen bey der Hand zu seyn, der bediente muß den Wolfg: die Haare in ordnung bringen. Se: Ex: haben uns die ersten zimmer: nach Salzb: zu ebenfuß: Logiert, welche im Sommer, wegen der Hitze, die in den obern zimmern ist, die besten zimmer sind, da wir den ganzen tag, und sonderlich in der Nacht nicht die mindeste Hitze empfinden. Ausser unsern zimmer ist die Sala Terrena wo wir speisen, und wo alles frisch, kühl und angenehm ist …« (I, 379)

17. Mai 2005. Heute früh endlich der Aufbruch zu einer Fahrrad-Tour entlang des Rheins mit I. und den beiden Kindern. Lo und Lu freuen sich auf das Unterwegssein, wir starten am Nachmittag in Mainz, überqueren den Fluß und fahren dann auf die grünen Hügel des Rheingaus zu. Erster Halt am frühen Abend ist der kleine Rheingauort Nieder-Walluf, wo es direkt am Rhein einen alten Weingarten gibt, von dem aus man einen schönen Blick auf das gegenüberliegende, flache Ufer hat. Während die Kinder am Fluß spielen und I. einen Gang durch den Ort macht, sitze ich an einem der Holztische des verwunschenen Gartens und trinke *Voll-*

radser Riesling. Ich bin nicht in Italien, doch die alten Landgüter und Höfe des Rheingaus haben durchaus etwas Südliches.

Nach dem großen Erfolg der Oper *Mitridate, Re di Ponto* treffen Vater und Sohn Ende März 1771 wieder in Salzburg ein, wo sie schon bald der nächste Opernauftrag erreicht. Mozart soll aus Anlaß der Heirat von Erzherzog Ferdinand, dem Sohn der Kaiserin Maria Theresia, mit Maria Beatrice d'Este, der Tochter des Fürsten von Modena, eine »Serenata teatrale« schreiben. Diese »Serenata« ist die im Herbst desselben Jahres entstehende Oper *Ascanio in Alba*, ein in idyllischen, ländlichen Regionen spielendes Stück, das mit seinen drei Hauptgestalten, der Göttin Venus, ihrem Sohn Ascanio und der schönen Nymphe Silvia, in allegorischer Form auf die drei zentralen Gestalten der politischen Haupt- und Staats-Aktion anspielt: Venus (Maria Theresia) führt ihrem geliebten Sohn Ascanio (Erzherzog Ferdinand) die aus dem Geschlecht des Herkules stammende Nymphe Silvia (Maria Beatrice) zu. Anders als im *Mitridate* geht es hier nicht um große, dramatische Momente und um den inneren Aufruhr von Figuren, die sich im Blick auf ihre Widersacher bewähren müssen, *Ascanio in Alba* handelt vielmehr von nichts anderem als dem fiebrigen Zustand einer Hochzeits- und Glücks-Erwartung, die sowohl Ascanio wie seine Nymphe befallen hat. Gleichsam als eine Begleitung dieser Erwartung durchqueren Scharen von Genien, Grazien, Hirtinnen und Hirten die ländlichen Schauplätze, ihre Chöre bekunden die Sympathien des Volkes, das die hohen Figuren und das schöne Ambiente unentwegt preist. Keinerlei Konflikte sind also zu bewältigen, nur ein kurzes Mißverständnis trübt die anhaltend leichte und gelöste Stimmung, diesmal hatte es Mozart mit einem ganz anderen Stoff und anderen Atmosphären zu tun, es waren genau jene Atmosphären, die er von seinem Sommeraufenthalt auf dem schönen Landgut bei Bologna bereits kannte.

Mitte August 1771 brechen Vater und Sohn zum zweiten Mal nach Italien auf, Mitte Oktober wird *Ascanio in Alba* im Rahmen der Hochzeitsfeierlichkeiten an der Mailänder Oper uraufgeführt, auch diese Uraufführung wird ein großer Erfolg und zieht einen dritten Opernauftrag (*Lucio Silla*) nach sich.

Die seltsame Erfahrung beim abendlichen Sitzen mit dem Blick auf den breiten Fluß: Das rasch fließende Wasser scheint die Musik anzuziehen, immer wieder nötigen mich jedenfalls die so wunderbar eilenden und unruhig ansteigenden Eröffnungssequenzen des *Ascanio in Alba*, auf den Rhein zu schauen, und immer wieder bleibt der Blick an seiner glatten, aber bewegten Oberfläche *haften*, als habe die Musik mit ihr zu tun, als komme sie mit ihr in Berührung oder als solle ich sie in diesen Strudeln versenken.

Der *fließende Strom* ..., natürlich, kaum eine andere Bewegung kommt dem *musikalischen Treiben* näher, kaum eine andere Bewegung fängt sie symbiotischer ein ...

Und: Je länger ich sitze, um so mehr ergreift diese Opernmusik von mir Besitz, dabei steige ich nicht in sie ein, nein, umgekehrt, die Oper verschafft sich in mir einen Raum, *in mir* entsteht eine Bühne, die Arien, Chöre und Rezitative bringen sie hervor, und die ländlichen Bilder des Rheingaus um mich herum bilden die Kulissen.

18. Mai 2005. Schon in der Frühe eile ich allein an den sonnenumflorten Rhein und setze mich auf eine der Stufen hinunter zum Fluß. Die *Ouvertüre* zu *Ascanio in Alba* ist eine Landschaftsmusik, die schon etwas vom Erwartungsvollen und Tollen der späteren Ouvertüren (wie etwa der zur *Hochzeit des Figaro*) hat. Ich höre Mozarts italienische Jugendoper auf dieser Rheinreise als eine Musik, die sich mit den großen Landschaftskulissen verbindet, daneben höre ich einige seiner *Trios* und *Klaviertrios,* die sich nun wiederum eher auf das intime Gespräch unserer Reisegesellschaft beziehen.

Manchmal erscheint mir mein Vorhaben wie ein *Kunst-Projekt*, wie eine einzige, ein ganzes Jahr lang dauernde *Performance*: Ich *installiere* Mozarts Musik in bestimmten Räumen, ich führe sie gleichsam aus, ich begreife sie nicht als »absolute Musik«, sondern, ganz im Gegenteil, als den ersten großen Versuch, Musik als eine *Mitschrift* von Räumen, Zeiten und sozialen Terrains zu verstehen. (Schon die Musik Beethovens hat nichts mehr von einer solchen Mitschrift, ja sie tilgt sogar mit großem Eifer alles, was darauf verweisen könnte.)

19. Mai 2005. Der Gang zur Werner-Kapelle in Bacharach und weiter in die Höhe hinauf bis zur Burg Stahleck, der weite Blick auf das grüne, weit ausgebreitete Rheintal, der Eindruck, als schwebten die Figuren des

Ascanio in Alba aus dem Himmelsblau herbei und besetzten mit ihrem Gesang die umgebenden Hügel und Felsen. (Die Musik *inszeniert* diesen hinreißenden Raum von der Höhe aus als *Ideallandschaft*, sie nimmt ihm alles Gegenwärtige, sie macht ihn beinahe zeitlos, als wolle sie ihn zurückverwandeln in die Ur-Geographie seiner Anfänge ...: Träumerische Chöre, Arien mit dem Gestus einer sich naiv gebenden Unschuld, die noch an die erste und große, einzige Liebe glaubt ...)

Am Abend in dem kleinen, wohltuend untouristischen Ort Spay, wo wir im Hotel *Postillon* bis Mitternacht kegeln.

20. Mai 2005. Heute morgen habe ich mir in Spay noch vor unserer Abfahrt Mozarts erstes *Klaviertrio in G-Dur, KV 496*, angehört. Ich saß unten am Rhein und schaute still auf den Fluß, während die Kinder ihre Taschen packten und ihre Fahrräder beluden. Der dritte Satz des Klaviertrios ist ein Satz mit mehreren Variationen, ich verfolgte genau die einzelnen Stimmen, die des Klaviers, der Violine, des Cellos, als plötzlich ein schattiges, dunkles Moll wie ein heraufziehendes Gewitter in die sonst sonnig wirkenden Sätze einbrach, die Instrumente beinahe verstummen ließ und mich sehr irritierte. Wie unerwartet und unheimlich war diese Variation, als habe sich für einen Moment ein Spalt in der Erde geöffnet und als blicke die Musik, murmelnd und abwesend, in die Tiefe ... Ich hatte aber keine Zeit, mir das alles ein zweites Mal anzuhören, denn wir wollten los, Richtung Koblenz, und so traten wir in die Pedale und fuhren auf Koblenz zu, immer dicht am Rhein entlang, während mir die merkwürdige Moll-Variation nicht aus dem Kopf ging.

Hey, Pappa, rief da plötzlich mein Sohn Lu, hey Pappa, Du sagst ja heute gar nichts, was ist denn bloß mit Dir los?

Ich bremste ein wenig ab und fuhr neben ihm her und versuchte, ihm während der Fahrt zu erklären, was mich seit dem frühen Morgen beschäftigte.

Ich habe heute morgen ein sehr unheimliches Stück von Mozart gehört, darüber denke ich nach, sagte ich.

Kannst Du Fahrrad fahren und gleichzeitig über Mozart nachdenken? fragte mein Sohn.

Ja, sagte ich, das Schöne am Radfahren ist ja gerade, daß man in Ruhe über alles mögliche nachdenken kann.

Ich denke während des Radfahrens fast nie über alles mögliche nach, sagte mein Sohn, ganz bestimmt und auf gar keinen Fall denke ich aber über etwas Unheimliches oder Trauriges nach. Was ist das denn für ein Stück, über das Du jetzt nachdenkst?

Es ist ein Trio für Klavier, Violine und Violoncello, sagte ich.

Und was ist daran so unheimlich? fragte mein Sohn.

In diesem Trio gibt es eine Stelle, wo die Instrumente beinahe aufhören zu musizieren, sagte ich, es ist eine Stelle in Moll, sie kommt völlig unerwartet, es hört sich an, als stürzten die Instrumente ab oder als suchten sie irgendwo in der Tiefe oder unter der Erde nach einem Geheimnis.

Mmm, sagte mein Sohn, und Du denkst jetzt nach über dieses Geheimnis, stimmt's?

Ja, antwortete ich, genau darüber denke ich nach.

Du hast doch erzählt, daß Mozart soviel gereist ist, sagte mein Sohn, ist er eigentlich auch hier am Rhein entlang gereist?

Er ist als Siebenjähriger mit seinen Eltern und mit seiner etwas älteren Schwester auf einem Schiff von Mainz nach Koblenz gefahren und hat dafür ein paar Tage gebraucht, antwortete ich.

Wieso denn ein paar Tage? fragte mein Sohn.

Weil starker Wind war und Sturm, antwortete ich, das Schiff mußte immer wieder anlegen, und die Reisenden mußten dann über Nacht in einem der vielen, kleinen Weindörfer übernachten, Mozart hat in Walluf und Oestrich und Bingen übernachtet, und sein Vater hat sich sehr über das Wetter geärgert, weil sie wegen des schlechten Wetters nur langsam vorankamen und Geld ausgaben, ohne etwas einzunehmen.

Verstehe ich nicht, sagte mein Sohn, wir waren doch auch in Walluf, Oestrich und Bingen, da ist es doch schön, wie kann man sich ärgern, wenn man in so schönen Weindörfern übernachtet?

Die Mozarts verdienten ihr Reisegeld durch große Konzerte, antwortete ich, und in den kleinen Weindörfern konnten sie eben nicht auftreten.

Dann hätte Mozarts Vater halt guten Wein trinken sollen, wie Du es immer machst, sagte mein Sohn, dann hätte er sich vielleicht nicht mehr so sehr geärgert.

Richtig, sagte ich, das hat er dann auch versucht, in Bingen haben die Mozarts eine gute Suppe und Rheinsalm mit Butter gegessen, und Mozarts Eltern haben dazu Rheinwein getrunken.

Na bitte, sagte mein Sohn, so schlimm kann es also

nicht gewesen sein, dieses Übernachten in Bingen. Haben die Mozarts dann in Koblenz Konzerte gegeben?

Ja, sagte ich, in Koblenz haben sie große Konzerte gegeben, allerdings bekam Mozart in Koblenz wahrscheinlich wegen der stürmischen und windigen Tage zuvor auf dem Schiff einen Schnupfen und dann einen schweren Katarrh, so daß die Mozarts zehn Tage in Koblenz blieben, bis Mozart eben wieder gesund war.

Da wird sein Vater sehr sauer gewesen sein, sagte mein Sohn, zehn Tage ohne Konzerte waren wohl einfach zuviel.

Na ja, sagte ich, er hat sich nichts anmerken lassen und hat jeden Tag Wein von der Mosel und von der Ahr getrunken. Woher weiß man das so genau? fragte mein Sohn.

Mozarts Vater hat viele Briefe geschrieben, antwortete ich, und in seinem sehr ausführlichen und langen Brief aus Koblenz hat er auch davon geschrieben, daß er sehr gute Moselweine und Rosé von der Ahr getrunken habe.

Du trinkst doch auch so gerne Rosé, sagte mein Sohn.

Ja, sagte ich, da gibt es durchaus Parallelen.

Dann trink doch in Koblenz Rosé, sagte mein Sohn, dann denkst Du nicht mehr an die unheimlichen Stellen in diesem Trio.

Vielleicht ist das eine Lösung, sagte ich, und mein Sohn trat fest in die Pedale, um ganz vorne und als erster in unserer Gruppe Richtung Koblenz zu fahren, meine Tochter fuhr ihm aber gleich hinterher, und dann fuhren sie ein ganzes Stück nebeneinander her Richtung Koblenz, und ich sah, daß sie sich intensiv unterhielten.

In Koblenz kamen wir dann kurz vor Mittag an, wir stellten die Fahrräder in der Nähe des Rheins ab, und die Kinder gingen ein kleines Treppchen herunter und ließen ein paar Steine über den Fluß springen. Ich aber setzte mich ganz in der Nähe auf eine Bank und holte, während I. sich in der Gegend umsah, noch einmal den Discman heraus, um mir den letzten Satz von Mozarts *Klaviertrio in G-Dur, KV 496*, ein zweites und drittes Mal anzuhören. Als meine Tochter sich wenig später nach mir umschaute, erkannte sie, womit ich beschäftigt war, und als wäre sie neugierig geworden, kam sie zu mir hinauf und setzte sich neben mich.

Du hörst Dir die unheimliche Stelle in diesem Trio an, stimmt's? fragte sie.

Ja, sagte ich, woher weißt Du, daß ich sie mir anhöre?

Lu hat mir davon erzählt, er macht sich Sorgen um Dich, er meint, Du solltest mit Mamma etwas Rosé trinken.

Ich weiß, sagte ich, er hat es mir schon vorhin empfohlen, aber ich glaube nicht, daß ein Rosé hilft, um die unheimliche Stelle ganz und gar zu vergessen, ja ich glaube sogar, daß ein oder zwei Rosé mich noch viel stärker an die unheimliche Stelle denken lassen.

O weh, sagte meine Tochter, das ist ja schlimm, was kann man denn da noch machen?

Ich weiß nicht, sagte ich, ich habe das Stück einfach dauernd im Kopf, ich bekomme es nicht aus dem Sinn.

Dann komm doch mit runter an den Rhein, da können wir zusammen ein paar Steine hüpfen lassen, sagte meine Tochter.

Menschenskind, sagte ich, ich will Dir was verraten: Vor zweiundvierzig Jahren habe ich als kleiner, elfjähriger Junge hier in der Nähe Steine über das Wasser hüpfen lassen, und vor zweiundvierzig Jahren saß mein Vater hier in der Nähe am Fluß und trank ein Glas Wein.

Was habt ihr denn hier gemacht? fragte meine Tochter.

Koblenz war die erste Station unserer Mosel-Wanderung, sagte ich, wir sind von Koblenz nach Trier gewandert.

Wo habt ihr denn hier übernachtet? fragte meine Tochter.

Wir haben nicht in Koblenz übernachtet, sagte ich, sondern in Kobern-Gondorf, wir haben die erste Nacht im *Keglerheim* von Kobern-Gondorf verbracht.

Hat Dein Vater auch manchmal Mozart gehört? fragte meine Tochter.

Nein, sagte ich, das hat er nicht, aber wir haben gekegelt so wie wir gestern abend auch, übrigens hat auch Mozart sehr gerne gekegelt, er hat sogar so gerne gekegelt, daß er manchmal noch während des Kegelns komponiert hat.

Er konnte beides zugleich – kegeln und komponieren? fragte meine Tochter.

Ja, sagte ich, beides zugleich, er hat sogar richtige Kegelstücke komponiert.

Die sind sicher sehr lustig, die Kegelstücke, sagte meine Tochter, ist unter den Kegelstücken auch ein Trio?

Menschenskind, ja, wahrhaftig, sagte ich, unter den Kegelstücken ist auch ein Trio, es heißt sogar das *Kegelstatt-Trio* und ist ein Stück für, Moment mal, für Klarinette, Bratsche und für das Klavier.

Du hast doch all diese Trios auf Deinem MP3-Player dabei, stimmt's? fragte meine Tochter.

Ja, habe ich, antwortete ich.

Dann würde ich mir an Deiner Stelle jetzt das *Kegelstatt-Trio* anhören, sagte meine Tochter und schaute mich direkt und etwas erwartungsvoll an.

Ich weiß, worauf Du hinauswillst, sagte ich.

Ich will auf das *Kegelstatt-Trio* und ein Glas Rosé hinaus, sagte meine Tochter.

Fantastisch, sagte ich, das hast Du ganz fantastisch hinbekommen, denn das ist wahrhaftig die Lösung: Das *Kegelstatt-Trio* und ein Glas Rosé. Ich setze mich jetzt dort drüben auf die Gartenterrasse und folge Deinen Ratschlägen.

Ja, gut, sagte meine Tochter, und wenn ich Dir noch einen letzten Ratschlag geben darf, dann bestellst Du für Mamma auch ein Glas Rosé.

Natürlich, sagte ich, natürlich bestelle ich nicht nur ein Glas, sondern zwei, und wenn auch ihr Durst habt oder Hunger, dann kommt ihr zu uns, und wir trinken und essen etwas zusammen.

Wir haben keinen Hunger, sagte meine Tochter.

Ich weiß, sagte ich, ich weiß, wenn man in Koblenz Steine über den Fluß hüpfen läßt, hat man keinen Hunger.

21. Mai 2005. Die Ankunft in Köln, schon die ganze Fahrt über freute ich mich auf die Überquerung des Rheins auf der kleinen Fahrrad-Fähre, die einen von Weiß nach Zündorf aufs rechte Rheinufer bringt. (Und schon im voraus hatte ich immer wieder darüber nachgedacht, welche Musik ich während dieser Fahrt hören sollte, und mich schließlich für den zweiten Satz des *Klaviertrios KV 542*, ein *Andante grazioso* in A-Dur, entschieden: Das Klavier gibt das Thema vor, wiederholt es, und die beiden Streichinstrumente treten mit unendlicher Vornehmheit hinzu und sprechen einige Takte, schweigen aber dann wieder, und zwar so, als neigten sie sich in diesem Schweigen lauschend dem Klavier zu …)

26.–29. Mai 2005. Ich nehme als Zuhörer und Beobachter am Hildesheimer Literaturfestival *Prosanova,* einem mehrtägigen Festival für junge deutsche Literatur, teil. Jeden Morgen fahre ich in der Früh mit dem Fahrrad an dem Flüßchen *Innerste* entlang hinaus zur mittelalterlichen Domäne *Marienburg*, wo einige Institute des kulturwissenschaftlichen Fachbereichs der Universität untergebracht sind. Ich liebe diese Fahrt, die wie ein langsamer Schnitt durch die zu beiden Seiten hin ausgebreiteten, flachen Wiesen und Felder wirkt, es ist eine von keinerlei Autoverkehr über einen schmalen Feldweg führende Strecke, mit allmählichen Übergängen von tiefdunklem zu hellerem Grün, in Sichtnähe des sich zwischen seinen Schilfmatten dahinwindenden Flusses … Und welche Musik gehört zu diesen einsamen Fahrten, zu diesem Treten, kurzem Abbremsen, Gleitenlassen, Entlangrollen? Die Musik der *Violinsonaten* (*KV 301–303*)! Schon während der Fahrt höre ich sie mit Hilfe der kleinen Kopfhörerstöpsel, nach Ankunft in meinem Dienst- und Arbeitszimmer in der Domäne aber höre ich sie mit Hilfe eines CD-Players …: und öffne alle Türen des Erdgeschosses des ehemaligen Pächterhauses, damit dieses schwärmerische Gespräch von zwei Instrumenten sich trotz seiner Zurückgenommenheit und Intimität ausbreiten kann. Eine Musik, die sich *umsieht*, die an den Wänden der hohen Räume entlang schwirrt, sich momentweise in den Ecken festsetzt und aufhält, zu den Fenstern hinausdrängt, ja sogar jederzeit entschwinden würde, wenn ich die Tür zum großen Park hin offenließe, eine Musik der *guten Momente,* die ohne Vorbehalte und Umwege in Gang kommt, eine *Anmache* sondergleichen …*

01. Juni 2005. Dämonenaustreibung (Lucio Silla, KV 135). Im Frühstücksraum dieses Hotels im hohen Norden knarzt der Holzboden bei jedem Schritt, zwei in sich zusammengekauerte Gestalten sitzen weit voneinander entfernt und beugen sich über ihre Müslischalen, während ein kleiner Trupp von jungen Serviererinnen ununterbrochen im Raum unterwegs ist. Manchmal begegnen sich zwei auf ihren Eindeck- und Abräum-Wegen, dann kichern sie eine Weile miteinander herum, streben dann aber wieder so konsequent und entschieden in die verschiedensten Richtungen auseinander, als habe man ihnen ganz exakte Anweisungen erteilt. Während sie so durch den Raum wedeln, Kaffee nachfüllen, Tee aus dem Samowar tröpfeln lassen und ein wenig mit der Butter spielen, geht ihr Blick oft hinüber zu den großen Spiegelwänden an der einen Seite des Raums, wo sie ihre Schritte und Tritte genau verfolgen können: Sitzt alles? Komme ich gut raus, hier am Morgen? Ich nehme in einer Ecke Platz, und schon sind sie beide da, die eine bringt gleich den Kaffee, und die andere erkundigt sich nach meiner Zimmernummer, es ist unglaub-

* Vgl. Hanns-Josef Ortheil: *Das große Fest der Schrift. Aufzeichnungen zum Literaturfestival »Prosanova«.* Hildesheim 2005.

lich, wie einem ihr Getrippel und Getue auf die Nerven geht, morgens möchte man schließlich in Ruhe gelassen werden, ganz unbedingt. Während ich auf das Frühstücksbüffet zusteuere, verschwinden sie kurz, als hätten sie ein Einsehen, doch als ich mit einem Teller zurück zum Tisch kurze, sind sie schon wieder da, nun zu dritt, die etwas dunkler gekleidete Oberaufseherin ist jetzt auch dabei. Möchten Sie eine Zeitung?, fragt mich eine, und ich schüttle nur stumm den Kopf, welche Zimmernummer haben Sie?, fragt mich die Oberaufseherin, und als die beiden jüngeren die Frage hören, kichern sie wieder und erklären der Oberaufseherin gleich ganz beflissen und triumphal, daß sie mich genau das schon gefragt hätten. Das haben wir schon erledigt, sagt die eine, ja, ist schon erledigt, sagt die andere, und dann schauen sie wieder nach, ob noch genug Kaffee und Tee da ist und ob die silbernen Tabletts noch voll sind von all den ungesunden Wurst- und Käse-Attraktionen, die in diesem Frühstücksraum penetrant vor sich hin schwitzen. Von draußen hört man nun ein Rumoren, ein paar schwere Kerle nähern sich anscheinend, eine Elephantenhorde ist da wohl unterwegs, aber als sie den Raum betreten, sind es doch nur zwei kräftige Männer, die ihren verstreut im Raum sitzenden Kumpeln etwas zurufen, all diese Burschen kommen aus dem Süden und haben hier oben handwerkend zu tun, sie begrüßen sich fünf-, sechsmal quer und laut durch den Raum, sie tun so, als wären sie hier allein und als wäre es selbstverständlich, daß sich auch die übrige Welt für ihren Handwerkerkram interessiert. Ihre Ankunft bringt nun aber die jungen Serviererinnen so richtig auf Trab, jetzt können sie noch mal eine Runde ziehen und den Kaffee einschenken und nach den Zimmernummern fragen, und natürlich wissen die breiten Mannskerle ihre Nummern nicht und haben auch keine Schlüssel dabei, deshalb gibt es enorm was zu kichern und zu recherchieren, man muß mit der Rezeption telefonieren und dort die Namen der Männer nennen, dann erfährt man ihre Zimmernummern, das ist eine richtige Gaudi und sowas von einem Spaß, daß die Serviererinnen fast die Oberaufseherin vergessen, die das gar nicht so lustig findet und ihnen aufträgt, das Obst nachzufüllen. Eine Viertelstunde lang knarzen nun die Männer durch den Raum, stehen sich vor dem Büffet im Weg, schlurfen in ihren Gesundheitssandalen herum und tragen jede Scheibe Käse einzeln spazieren, laufend haben sie etwas vergessen, und dann müssen sie ja auch noch den Slalom um die Mädchen herum schaffen, während die Oberaufseherin nun auf den Gedanken gekommen ist, den Raum und das große Ballett zu beschallen, das geht ganz leicht, denn natürlich hat auch dieser Ort einen Lokalsender, dessen kurze Wortbeiträge die übliche Scheibletten-Musik dumpf garnieren. Ab jetzt reißt die Parade der Handwerker aus dem Süden nicht mehr ab, auch der Rest der Handwerker hat sich nun aus den Betten herausgewunden und trifft mit seinen vom nächtlichen Schlaf noch verdrehten und verzwirbelten Haaren hier ein, durchschnittlich fünfmal geht jeder von ihnen nun zwischen dem Büffet und seinem Platz hin und her, man müßte einmal erforschen, welcher Wahn all diese Menschen dazu gebracht hat, jeden Morgen einen Haufen Körner in eine Schale zu füllen, in zuckrigen Sirup eingelegte Cocktailfrüchte auf diesen Hühnerernährungsbrei fallen zu lassen und den Mampf noch mit warmer Milch zu übergießen. Danach muß das Büffet abgegrast werden, das ist Pflicht, und nach einer Weile donnert endlich auch noch der Meister herein, Morgen, Meister! brüllen alle ..., doch da wird es mir nun zuviel, jetzt ist Schluß, ich schiebe alles beiseite, daß die Serviererinnen überrascht aufschauen und herbei eilen, weg damit!, sage ich, alles weg!, weit weg!, und dann verschaffe ich mir auf dem Tisch Platz und plaziere dort meinen Discman und streife mir die großen Kopfhörer über und drehe voll auf: *Lucio Silla, KV 135*, Mozarts dritte italienische Oper, für deren Komposition er im Juli 1772 zum dritten Mal allein mit dem Vater nach Mailand reiste, wo die Oper dann am 26. Dezember 1772 uraufgeführt wurde. *Lucio Silla* spielt im alten Rom, wie im *Mitridate* geht es um Haupt-Staats-und Liebes-Aktionen und daher um starke dramatische Momente, gleich zu Beginn befinden wir uns in einer verlassenen Gegend am Ufer des Tiber, Senator Cecilio ist aus der Verbannung heimgekehrt und führt mit einem Freund konspirative Gespräche, es geht um den Diktator Lucio Silla, der Cecilios Frau Junia nachstellt, dieser Diktator ist zu allem fähig, doch Cecilio vertraut seiner Frau, nach nichts sehnt er sich mehr, als sie wiederzusehen, in einer großen Arie singt er sich seinen Schmerz und die ganze Sehnsucht aus dem Leib, der sechzehnjährige Mozart beherrscht jetzt alle Finessen solcher Auftritte, schon die Accompagnato-Rezitative, in denen der innere Aufruhr der Figuren dunkel skizziert wird, beweisen das ..., vor allem aber bringt diese Oper beinahe sämtliche Frühstücks-Aktionen in diesem hormonell überbesetzten Frühstücksraum zum Erliegen. Als ich nämlich kurz aufschaue, erkenne ich ein stilles Bild, beinahe die gesamte Gesellschaft, Männer wie Mädchen, ja selbst die Oberaufseherin, starrt mich an, schallend und furchtbar ist diese erregte Musik in die harmlose Szenerie dieses Raums gefahren, *dieses Beben! …*, *ich zittere …*, ein aus der Verbannung heimkehrender römischer Senator hat sich gerade auf den Weg gemacht, die Liebe seines Lebens zu suchen. Einige Minuten genieße ich den Einbruch des großen Dramas in die Welt dieser Müsli-Schalen, es kommt mir sogar so vor, als träten nun alle vorsichtiger auf und als knarze es nicht mehr so sehr, auch bleibt vor allem der Blick der Mädels nun unverwandt an mir hängen, während sie geistesabwesend und mit offenem Mund den Samowar zu bedienen versuchen, dann aber erhebe ich mich und schreite mit meinem Discman, die eindrucksvoll großen Kopfhörer noch wie Siegestrophäen auf den Ohren, hinaus, ich schreite über den dunklen Flur mit den immer gleichen Zimmertüren, an deren Türgriffen die warnenden »Bitte nicht stören«-Schilder baumeln, doch ich weiß, daß die Ruhe dieser Schläfer nun endgültig dahin ist, kein Schlaf wird ankommen gegen die Lautstärke dieser hervorragenden und mit gutem Grund sehr teuren Kopfhörer, erst als ich in mein Zimmer eingetreten bin, drehe ich die Lautstärke herunter, denn hier drin, in dieser Klause, benötige ich diese Lautstärke nicht, das Drohende und Packende des *Lucio Silla* kommt vielmehr bei mittlerer Lautstärke am besten zur Geltung …

02. Juni 2005. Die *Sprachmusik* der Reise (Aus Briefen Leopold Mozarts): »Ich schreibe dieses heute freytags den 18ten, denn Morgen wird hart so viel zeit übrig

bleiben etwas zu schreiben. In der frühe um halbe 10 uhr wird die erste probe seyn mit allen Instrumenten. dieser täge waren 3 Recitativ-Proben. Gestern Nachts ist erst der Tenor angekommen, und heute hat der Wolfg: 2 Arien für ihn gemacht, und hat ihm noch 2 zu machen. Sontag den 20ten ist die zweyte probe, Erchtag den 22 die dritte Probe, Mittwoch den 23 die Hauptprobe. donnerstag und freytag nichts, am Samstag den 26 die erste opera, mit Gott, eben an dem tag, da ihr diesen Brief erhaltet. dies schreibe ich bey der Nacht um 11 uhr, da der Wolfg: eben die 2te Tenor Arie fertig hat ...« (18. Dezember 1772); »Eben stehen wir vom Mittag Essen bey der Madme D'aste auf, wo ich itzt schreibe und die sich euch empfehlt. in etwa 2 oder 3 stunden wird die opera anfangen. Gott gebe seine Gnade! die Hauptprobe ist so gut vorgestern vorbeygegangen, daß wir den besten Erfolg hoffen können. Die Musik allein ohne Ballets dauert 4 Stunde ...« (26. Dezember 1772); »Glückseeligs Neues Jahr! Letzthin habe ich euch das Neue Jahr zu wünschen vergessen, weil ich nicht nur in Eyl, sondern in verwirrung, in Gedancken, zerstreut, und in dem Augeblick geschrieben habe, wo wir gleich ins Theater gehen mussten. die Opera ist glückl: abgelauffen ...« (02. Januar 1773); »die opera des Wolfg: ist nun bereits 17 mahl aufgeführt worden und wird in allem etlich und 20 mahl aufgeführt werden ...« (16. Januar 1773) (I, 467–475)

03.–9. Juni 2005. Studium (Lucio Silla, KV 135). Mit *Lucio Silla* nähert sich Mozart zum ersten Mal jenen Gefilden, die später in noch dämonischerer Form im *Don Giovanni* auftauchen, die frühe Oper ist bis hin zur Verwendung der dunklen, Tod und Unterwelt imaginierenden und beschwörenden Moll-Akzente ein Vorläufer der großen Oper der späten Jahre. Todesängste, erstarrte Blicke – Giunia und Cecilio, die beiden Liebenden, haben in dieser Oper keine Zeit füreinander. Der Willkür des Diktators Silla ausgesetzt, droht ihnen der Tod, so daß selbst die großen Liebes-Szenen wie der endgültige Abschied erscheinen. Gräber, Todesmonumente und dunkle Kerker sind denn auch die Räume, in denen die Oper spielt, vor allem aber hat sie weder in Silla, dem Diktator (der sich am Ende besinnt), noch in Cecilio (der dem nahenden Tod so gefaßt begegnet, als wäre er ein Spaziergang) ihr Zentrum, sondern in Giunia, deren Accompagnato-Rezitative und Todes-Arien Mozart mit solch orchestralen Klangteppichen und Modulations-Gemälden aufgeladen hat, daß man sich bereits in die dunklen Unterwelt-Schlußszenen des *Don Giovanni* versetzt glaubt.

Geradezu ein *Entsetzen* beim Hören dieser *dunklen Passagen*, in denen die Figuren in die Tiefe, zu den Gräbern und Grüften, steigen, sich verbergen oder wie Geister aus dem Jenseits hervortreten (im ersten Akt wartet Cecilio in solch einer Szenerie auf Giunia, sein Warten fängt Mozart in einem Accompagnato-Rezitativ ein, in dem die Streicher den bedrohlichen Raum zu Beginn in schweren Schritten durchschreiten und die Bläser sich dann wie Jenseits-Schatten dazu gesellen …, während im zweiten und dritten Akt Giunia jeweils einen großen Auftritt erhält, der sie – angesichts des bevorstehenden Todes ihres Verlobten – an der Grenze zum Wahnsinn agieren läßt …).

10. Juni 2005: Ich habe in Innsbruck zu tun, doch es kommt mir so vor, als erwartete ich den im März 1773 nun endgültig aus Italien zurückkehrenden Mozart. Drei große Opern (*Mitridate/Ascanio in Alba/Lucio Silla*) sind seit dem Dezember 1770 in Mailand uraufgeführt worden, alle vom Publikum begeistert gefeiert. In den wenigen Monaten, die er während dieser Jahre in Salzburg verbrachte, hat er seine drei italienischen Reisen vorbereitet, er hat *Symphonien* für den Süden komponiert, und er hat noch auf seinen Reisen mit der Komposition von *Streichquartetten* begonnen, nach dem schon erwähnten ersten Versuch in dieser Gattung im Gasthaus von Lodi hat er in den Jahren 1772/1773 einen Zyklus von sechs weiteren Quartetten (*KV 155–160*) geschrieben. Die Opern, die Symphonien, die Quartette – sie machen jene Trias aus, mit der er den musikalischen Kontinent Italien endgültig erobern will, von großen, öffentlichen Anlässen reicht sie über gelegentliche Aufführungen in Akademien und auf Bällen bis hin zu Liebhaberaufführungen im eher kleinen, intimen Kreis. Das Ziel all dieser Bemühungen ist eine Anstellung bei Hofe, nach der Uraufführung des *Lucio Silla* warten Vater und Sohn zuletzt so verzweifelt auf eine solche Chance, daß Leopold sich sogar krank stellt, um den Abreisetermin noch etwas hinauszuzögern. Sie können und wollen sich von Italien nicht trennen, »Italien« bezeichnet die zweite, große Phase in Mozarts kompositorischem Schaffen, es sind Jahre von triumphalen Auftritten und Jahre einer immensen Entwicklung, an deren Endpunkt eine Komposition steht, die heute wie ein einziger Jubelgesang und wie ein Dank für die zuteil gewordenen Eindrücke erscheint. Es handelt sich dabei um die Solokantate *Exsultate, jubilate* (*KV 165*), die Mozart noch in Mailand für den Kastraten Venanzio Rauzzini (der bei der Uraufführung des *Lucio Silla* die Rolle des Cecilio gesungen hatte) komponiert, angelegt ist sie als Folge großer Solo-Arien vor dem Hintergrund der begleitenden, orchestralen Tutti, die solistische Stimme behauptet sich triumphal und geradezu ausgelassen-virtuos gegenüber dem Orchester, sie spielt mit ihm, läßt sich unterstützen, behält aber die ganze Komposition über die Führung, so daß die Kantate wie ein erstes Solo-Konzert erscheint. (Am Ende der drei Italien-Aufenthalte entdeckt der siebzehnjährige Mozart die *solistische Autarkie* der Instrumente, in Salzburg wird er wenig später seine ersten Solo-Konzerte für die Violine und das Klavier schreiben, der Kreis seiner Jugend schließt sich, es ist der Kreis, der mit ein paar kurzen Stücken für das Klavier und mit den frühen kleinen Sonaten für Klavier und Violine begann ...)

Der *letzte* Satz in Leopold Mozarts *letztem* Brief aus Mailand an seine Frau: »... du kannst dir meine verwirrung nicht vorstellen in der ich wegen unserer abreise, mich befinde; es kommt mir schwer Italien zu verlassen ...« (27. Februar 1773, I, 483)

Am späten Morgen bin ich zu Fuß in Innsbruck unterwegs, das Sonnenlicht fällt seitlich, in starken, gleißenden Böen, in die weite Öffnung der Maria-Theresien-Straße mit der Anna-Säule. Durch Zufall komme ich am Hotel *Weißes Kreuz* vorbei, und als ich durch einen knappen Hinweis an seiner Fassade entdecke, daß Mozart mit seinem Vater hier übernachtet hat, gehe ich sofort hinein. Oben, im ersten Stock, erkundige ich mich an der Rezeption nach den Preisen für ein Zimmer und frage nach, ob vielleicht noch eines frei ist. Nein, heute sind alle Zimmer belegt, aber am kommenden Montag wäre eines frei, ich werde drüber nachdenken, ich melde mich, sage ich noch und schleiche dann weiter durch die schmalen Gassen der Altstadt. Immerzu geht der Blick aber hinauf, zu den noch weißen Bergspitzen ringsum, dieses Hinaufblicken und Erstaunen läßt einen jedes Mal für einen Augenblick ernst werden, ich streune weiter und scheine wirklich auf jemanden zu warten, so stehe ich hier und dort, schaue auf die Uhr und gehe schließlich allein, als helfe alles Warten nicht mehr, ins *Weiße Rößl*, um dort Kitzbraten in Olivensauce mit Polenta zu essen. Kaum, daß ich Platz genommen habe, steht ein großes Glas *Gösser-Bier* auf dem Tisch, es leuchtet golden in der Sonnenhelligkeit der alten Gasträume, ich trinke und höre nach dem Essen bei einem zweiten Glas Bier die Kantate *Exsultate, jubilate*, die Solo-Stimme will auf und davon und so hoch hinauf, wie es irgend nur geht, ich starre hinaus aus dem Fenster des ersten Stocks, die Musik gehört nicht hierhin, sie gehört in die weiten Ebenen des italienischen Nordens, die auf den Alpenpanoramen in Innsbrucks Souvenir-Läden jenseits der zackigen, braunen Alpenbergketten wie ein grünes, flaches Paradies erscheinen. Ich zahle dann und gehe hinunter und kaufe mir eine solche Panorama-Karte, und dann schleiche ich weiter durch die am Nachmittag schon recht früh eindunkelnde Altstadt, immer wieder treffe ich auf *Feinbäckereien* und *Feine Patisserien*, aber es gibt auch die dämmrigen, spelunkigen Wein- und Schnaps-Destillen, in denen mächtig geraucht wird und in denen die alten Männer mit ihren Altherrenkappen auf Barhockern sitzen und ein Achtel Wein nach dem andern trinken. Als ich langsam müde werde, gehe ich ins Café *Central*, und plötzlich begreife ich, daß man wahrscheinlich nirgends so gut allein und doch unter Menschen die intimeren Stücke von Mozart hören kann wie einem österreichischen Caféhaus ..., so daß ich ein weiteres der in einem Gasthaus während einer italienischen Reise komponierten *Streichquartette* (*KV 155*) höre ..., und diesmal paßt alles, die vier Stimmen bringen Italien und seine Gasthäuser langsam hinüber ..., ich trinke einen *Großen Braunen*, höre Mozart, aber auch dieses Sitzen kommt mir noch immer vor wie ein Warten, ich warte auf Mozart, den siebzehnjährigen, jetzt solistischen, ich sehne mich ganz unbedingt nach den großen Soli und Solo-Konzerten, und als ich – nach zwei, drei *Marillenbrand* am frühen Abend – darüber nachzudenken beginne, welches der ideale Raum wäre, um diese Soli zu hören, weiß ich sehr bald, der ideale Raum wären die schmalen Kanäle jenseits der zackigen Alpenkette, es wären die Kanäle Venedigs, durch die ich gleiten müßte auf einer Gondel, um die langsamen Sätze von Mozarts Klavierkonzerten hören zu können wie nie und nirgends sonst ...

11./12. Juni 2005. Venedig. Stefano kenne ich seit vielen Jahren, er studiert in Venedig Philosophie und Romanische Sprachen und finanziert sein Studium als gelegentlicher Gondoliere. Stefano beginnt seine Fahrten nicht an immer anderen Plätzen und Orten, sondern nur an einer bestimmten kleinen Anlegestelle in *Dorsoduro*, er hütet sich, mit seiner Gondel den Canal grande zu befahren, und verläßt das Sestiere von *Dorsoduro* nicht. Wir fahren morgens, gegen elf Uhr, los, denn die Sonne steht nun hoch genug, um die Kanäle zwischen den Häuserfassaden mit jenem satten, weichen Licht zu füllen, das sich auf dem Wasser zu wiegen scheint. Immer wieder bin ich verblüfft, wie still eine solche Fahrt ist, nicht einmal das Eintauchen des Ruders ist noch zu hören, die Gondel bewegt sich wie ein selbstvergessenes Medium durch diese, den Blicken der meisten Fußgänger entzogenen Wasserstraßen, sie gleitet ruhig unter den Brücken hindurch und biegt in einen Seitenkanal ein, es ist, als brächte sie diese stillstehenden und im Sonnenlicht lauernden Wasser zum langsamen Fließen und Strömen und bewege sich dann nur noch, ein- und ausatmend, mit. Ich habe Stefano erklärt, was ich vorhabe, nach etwa zehn Minuten Fahrt stülpe ich die Kopfhörer über, lehne mich etwas zurück in dem weichen und bequemen Sitz und beginne mit dem langsamen Satz des *Klavierkonzertes in G-Dur, KV 453* ..., mein Gott!, schon die ersten Streicherklänge sind eine Überwältigung, ja, beinahe ein Zuviel: dieser tiefe, gleichmäßig pochende Rhythmus verbindet sich sofort mit der Gondel, er fängt ihre gleitende Bewegung auf ..., und als die Bläser aus der Höhe hinzufinden, berühren Licht und Wasser einander ..., in deren Verbindung sich dann die Solostimme des Klaviers einfindet ... Sie spricht, schwebt und flüstert nun durch diese Kanäle, ich wage nicht, mich noch zu bewegen, diese Musik zieht die Fassaden zu beiden Seiten beinahe magnetisch an und macht sie zu ihrer Haut, auf der jede Wendung

Spuren und Reaktionen zu hinterlassen scheint, ein dunkler, unerwarteter Durchblick, ein Schatten, die zitternden Linien des gebrochenen Lichts ..., dieses Klaviersolo entdeckt jede Nuance, es streift sie, berührt sie, löst sich von ihnen und scheint sie dadurch zu sammeln und aufzubewahren. Ich mache weiter mit dem langsamen Satz des *Klavierkonzerts in C-Dur, KV 467*, immer schon hatte ich gewußt, daß diese langsamen Sätze in Innenräumen nicht ihre ganze Wirkung entfalten, man muß sie draußen hören, im Freien, aber wo?, hatte ich mich früher gefragt, jetzt habe ich die idealen Räume für dieses Hören entdeckt, die nahen Häuserfassaden zu beiden Seiten erhalten die Illusion des intimen Raumes, der Kammer, während die Bewegung der Gondel durch diesen Raum seiner Erstarrung *begegnet*. Einerseits nimmt dann das *Dahingleiten* die gleichmäßigen, vibrierenden Rhythmen der langsamen Sätze auf, andererseits streuen die sich zu beiden Seiten sehr allmählich verändernden Fassaden ein *lockeres, spielerisches Beiwerk* dazu, diese beiden Impulse machen das ruhige, in sich ruhende Zwiegespräch von Solo-Instrument und Orchester aus.

Spät in der Nacht die zweite Fahrt, jetzt mit dem langsamen Satz des *Klavierkonzerts in B-Dur, KV 450*, dem vielleicht schönsten all dieser langsamen Sätze. Die Wirkung ist jetzt noch um einige Grade stärker als am Vormittag, denn durch das Ausblenden der Tageslicht-Eindrücke konzentriert sich die Wahrnehmung noch mehr auf die Fortbewegung der Gondel und die Bewegungen der Musik. Der dunkle Wasserraum der Kanäle wird nur noch von wenigen Lichtfetzen erhellt, dafür atmen die Fassaden sich aus, so daß man jetzt auch die Düfte und Gerüche aus den Innenräumen der Häuser wahrnimmt, man durchquert sie aber nur, sie bleiben kurze, bloße Impressionen, während sich sonst der salzige Dunst des Meeres bemerkbar macht.

Das *Adagio* des *Klavierkonzerts in B-Dur* (*KV 450*) ist ein unfaßbar schöner Satz: Die Streicher beginnen mit einer kurzen Phrase, die beinahe etwas Choralartig-Dankbares hat, sie wird vom Klavier mit einer leichten Veränderung wiederholt, später schwingen sich beide noch einmal zusammen in diese Phrase ein, das Orchester intoniert sie, während das Klavier sie umläuft und umspielt. Noch mehrmals geht es darum, die kurze Phrase zu brechen und zu wiederholen, es hört sich an, als habe auch Mozart davon einfach nicht genug bekommen können und als habe er es bei den einfachsten Variationen bewenden lassen, um sie möglichst wenig zu zerstören und zu zersetzen.

Während meines pianistischen Studiums waren die langsamen Sätze der Klavierkonzerte *das Höchste*, es waren *Seelenwanderungen*, traumwandlerische Bewegungen, die etwas Absichtsloses, Jenseitiges hatten, sie berührten eine Tiefe, die es bis dahin in der Musik nicht gegeben hatte, diese Versenkung bewirkten sie mit den einfachsten Mitteln, mit dem Abschreiten einer halben Tonleiter, mit einigen wenigen Trillern, mit zwei, drei plötzlichen Quint-Sprüngen. In den langsamen Sätzen war Mozart ein *Minimalist*, der die Musik vollkommen auf ihre elementaren Momente reduzierte und nur noch diese Momente sprechen ließ. Keinerlei Virtuosität war hier gefordert, nur der lauschende, das alles mittragende Körper, ein *Körper ohne Willen*.

13. Juni 2005. All diese Monate mit Mozarts Musik haben mir eine *zweite Welt* aufgetan, in der ich von Tag zu Tag etwas mehr und immer selbstverständlicher lebe, inzwischen folge ich den Winken und Spuren dieser Welt ganz instinktiv, das alles hat etwas *Traumhaftes*, ja etwas von einer *Verzauberung*, manchmal fühle ich mich vollkommen eingesponnen von dieser Musik, und immer häufiger *drifte* ich in sie hinüber, als wollte sie mich dazu verleiten, schließlich ganz in ihr aufzugehen.

14.–17. Juni 2005. Studium (Die Jahre von 1773 bis 1777). Am 13. März 1773 kommen Vater und Sohn von ihrer dritten und letzten italienischen Reise nach Salzburg zurück. Die nun folgenden Jahre werden sich immer mehr zu einer *Zeit der Verlegenheit* entwickeln, zu Jahren des ungewissen Wartens darauf, daß sich irgendwo eine Gelegenheit für eine Anstellung bei Hofe auftut. Trotz der drei großen Opern-Triumphe hat sich eine derartige Chance in Italien nicht ergeben, alle Anstrengungen haben letztlich nur dazu geführt, daß man wieder auf Salzburg zurückgeworfen wurde. Der siebzehnjährige Mozart komponiert und musiziert nun in Diensten des neuen, im Februar 1772 in sein Amt eingeführten Erzbischofs Hieronymus Graf Colloredo, daneben schreibt er für bestimmte, festliche Anlässe in seinem Salzburger Freundes- und Bekannten-Kreis, er bequemt sich noch mit diesen Aufgaben und seinen wenig attraktiven Rollen, andererseits wird er deutlich gespürt haben, daß ihm Salzburg längst zu eng geworden ist und sich in der

Familie eine gewisse Skepsis und ein nicht zu überhörender Verdruß bis hin zu resignativen Klagen breit gemacht hat. Im Juli 1773 brechen Vater und Sohn noch einmal nach Wien auf, anders als bei früheren Reisen gibt es jedoch diesmal keinen Opernauftrag und auch keine sonstigen Angebote, Musik zu Gehör zu bringen, dadurch erhält der etwas über zweimonatige Aufenthalt etwas von quälendem Stillstand, und Leopold kann in seinen Briefen zum ersten Mal weder von Vorbereitungen zu einer Opernaufführung noch von Konzerten und Akademien, sondern nur von Besuchen bei Wiener Freunden und den kleinen Details des Wiener Alltags erzählen. (»Madme: Rosa, die bey H: fliegel Hofvergolter wohnte; hat sich bequemmer gemacht und zu dem Thiermahler gezogen, der ihr natürlicher weis eine bequemmere und mehr unterhaltliche Wohnung geben kann, weil er ledigen Standes ist. vor ein paar Tagen begegnete ich H: v Edlbach, der mich fragte, ob ich...« (I, 494/495)) So entstehen denn in Wien diesmal auch keine größeren, orchestralen Werke, sondern sechs *Streichquartette* (*KV 168–173*), die zum einen für Aufführungen mit den Wiener Freunden im häuslichen Rahmen, zum anderen aber vielleicht auch als Vorlage bei Hofe und damit für die täglich stattfindende kaiserliche Kammermusik gedacht waren. Die Serie dieser Quartette zeigt an, daß sich das Spektrum von Mozarts kompositorischem Schaffen allmählich verändert, von nun an zielt es immer mehr auf einen *intimeren Rahmen* und auf die Kultivierung eines *privateren, auch solistischen Tons.*

Nachdem Vater und Sohn im Herbst 1773 von der letztlich erfolglosen Wien-Reise nach Salzburg zurückgekehrt sind, trifft die Familie eine schwerwiegende und in ihrem Leben wie eine Zäsur wirkende Entscheidung: Sie gibt die kleine Drei-Zimmer-Wohnung in der *Getreidegasse 9* auf und zieht in eine prächtige, repräsentative Wohnung mit acht Zimmern im sogenannten *Tanzmeisterhaus* am damaligen Hannibal-Platz. In dieser Wohnung verfügt sie über einen stattlichen Saal, in dem man die Freunde empfangen, Konzerte veranstalten und den beliebten Spiel-Vergnügungen nachgehen kann. Das neue Ambiente kann als ein Zeichen gelesen werden, es steht dafür, daß die Mozarts veränderte Ansprüche markieren: Wolfgangs Rang als einem der außerhalb Salzburgs bekanntesten und erfolgreichsten Komponisten der Zeit entsprechend, hält die Familie nun selbst Hof, sie lädt Gäste ein, sie sammelt den Kreis der kundigen Musikliebhaber um sich, sie setzt den *Salzburger Kosmos* als *erweiterten Familienrahmen* neu zusammen, auf daß Mozarts Schaffen von dieser *schöpferischen Zelle* her frische Impulse erhalten möge.

Außerhalb Salzburgs aber bieten sich vorläufig nur Wien und das nahe München für größere Auftritte mit dem Blick auf mögliche Anstellungen an. Da sich eine solche Möglichkeit in Wien vorerst nicht abzeichnet, setzen Vater und Sohn noch einmal auf die Münchener Karte und reisen im Dezember 1774 dorthin, nachdem Mozart von dem Münchener Hoftheater-Intendanten Joseph Anton Graf Seeau einen Kompositionsauftrag für eine Opera buffa erhalten hatte. Im Januar 1775 wird diese Oper, *La finta giardiniera* (*KV 196*), im alten Münchener Hoftheater uraufgeführt, der bayrische Kurfürst und seine Gattin sind anwesend, auch diesmal ergeben sich aber über die Uraufführung und die wenigen weiteren Aufführungen dieser Oper hinaus keinerlei Perspektiven für eine künftige Tätigkeit am Münchener Hof. So vergehen in Salzburg noch einmal fast anderthalb weitere Jahre, die Lage wird für den jungen, längst aufbegehrenden Komponisten immer unerträglicher, Mozart ist inzwischen bereits über Zwanzig, im Sommer 1777 endlich bittet er den Salzburger Fürsterzbischof um Dienstentlassung, er möchte sein Glück außerhalb Salzburgs suchen, noch einmal bricht er zu einer großen Reise durch halb Europa auf, diesmal, da der Vater in Diensten des Fürsterzbischofs verbleibt und keine Reisefreigabe erhält, allein mit der Mutter.

18.–20. Juni 2005. Diese herrlichen Sommer-Tage im Garten, die Türen des Gartenhauses sind von der Früh an weit geöffnet, so daß die Musik auch draußen zu hören ist. Ich höre die Mailänder und die Wiener *Streichquartette* (*KV 155–160, KV 168–173*), bis in die Nacht durchströmt diese Musik die grünen Flächen mit all ihrem Blühen, diese Musik ist eine *Frühsommer-Musik,* sie ist das luftige Element dieses Hinein-und-Hinaus-Gehens, der langen Lektüren, der Mahlzeiten am großen Gartentisch, des Ein- und Abdeckens, der Schatten, die den Garten vom späten Nachmittag an ereilen und allmählich ins Dunkel tauchen, des kleinen Feuers, das tagelang brennt und dessen Rauch wie eine graue, schmale Festgirlande in den Himmel steigt.

24. Juni 2005. Der Gang am frühen Abend auf die Höhe des Stuttgarter *Birkenkopfes*, von dem aus der weite Blick die im Taldunkel glimmende Stadt beinahe ganz erfaßt. In dieser Höhe von über fünfhundert Metern höre ich später Mozarts erstes *Violinkonzert* (*KV 207*), ein Konzert in der leuchtenden und milden Virtuosen-Tonart *B-Dur*, kurz nach der Rückkehr aus dem Violinvirtuosen-Land Italien noch 1773 in Salzburg entstanden. Der erste Satz ist voll des leichten Jubels, den schon die Solo-Kantate *Exsultate, jubilate* ausstrahlte, nur daß sich die Koloraturen der Singstimme jetzt in die einer Violine verwandelt haben: Ein Triumphieren, ein Ausreizen aller Bewegungsmöglichkeiten, ein Sich-Dehnen, Aufbäumen und Abheben, auf das im zweiten, langsamen Satz das ruhige Sprechen und Sich-Aussprechen folgen, bis es im dritten Satz auf und davon geht, fort, in die Weite, so temporeich wie nur irgend möglich, als wolle Mozart die Spannungsbögen seiner ersten Symphonien nun in *solistischer Ausgelassenheit* noch einmal aufgreifen und übertrumpfen.

25. Juni 2005. Wuppertal (Violinkonzerte KV 211, 216, 218, 219). Mit einem Tagesticket kann man den ganzen Tag durch Wuppertal Schwebebahn fahren, von *Vohwinkel* bis *Oberbarmen* und wieder zurück, der längste Teil der Strecke verläuft direkt über der schmalen Wupper, nur in *Vohwinkel* überquert man Straßen und Plätze und fährt zwischen den nahen Häuserfassaden etwa auf Höhe des ersten Stocks so hindurch, daß man hier und da noch in die Wohnungen schauen kann. Unten, in der Eingangshalle des Bahnhofs *Döppersberg* am Wuppertaler Hauptbahnhof, habe ich mir ein solches Ticket gekauft, sehr zu meinem Erstaunen ist die niedrige, geduckte Halle mit Mozart beschallt, gespielt wird der erste Satz der *Symphonie in G-Moll, KV 550*, dieses Musikstück gehört nun gar nicht hierher und paßt überhaupt nicht zu diesem verloren wirkenden Eingangsbereich, in dem sich kein Mensch lange aufhalten möchte. Ich gehe die breite Treppe hinauf und stehe dann oben auf dem luftigen Bahnsteig, die Bahnen treffen alle fünf Minuten hier ein, die meisten sind zweifarbig und strahlen eine Freundlichkeit aus, als handelte es sich nicht um ein Verkehrsmittel, sondern um ein großes Spielzeug für Kinder. Wenn die Wagen Halt machen, schwanken sie nach dem Abbremsen noch ein wenig, die Türen öffnen sich zischend, und die meisten Fahrgäste schauen auf den Boden, um keinen falschen Tritt zurück auf festen Boden zu machen. Ich steige ganz vorne ein und setze mich in die erste Reihe hinter dem Fahrer, hier hat man den besten Blick auf die Strecke, die Bahn zieht an und beschleunigt sehr langsam und rollt dann wie eine in Fahrt gebrachte Kegelbahnkugel gleichmäßig und mit nur leichter Beschleunigung dem nächsten Bahnhof zu, der Fahrer hat fast nichts zu tun, er starrt geradeaus, aber er bräuchte nicht einmal das zu tun, denn es kann auf dieser Strecke ja keine Hindernisse geben, niemand kann uns überholen, niemand die Strecke seitlich durchqueren, es geht auf die eindeutigste und klarste Weise geradeaus, als befinde man sich in einem Traumfilm, aus dem irgendwer alle unnötig störenden Momente herausgeschnitten hat. Um die Fahrt nicht ganz vergessen zu machen, legt sich die Bahn in jeder Kurve etwas auf die Seite und pendelt sich an jedem Bahnhof dann still aus, ansonsten hat die Betrachtung der Welt aus einer nicht allzu großen und noch menschenverträglichen Höhe etwas Erleichterndes, man schaut dem ganzen Betrieb da unten aus sicherem und wohltuendem Abstand zu, man ist ihm entzogen, man macht nicht mehr mit und hat frei, nimmt andererseits aber auch noch wie ein entfernter Verwandter an diesem familiär wirkenden Geschehen teil, denn es ist ja nicht so, als schwebe man mit einer Bergbahn hoch hinauf auf einen einsamen Gipfel, nein, dieses Schweben hier ist zwar ein *solistisches Schweben*, zugleich aber auch eines, das die Verbindung zur Tiefe nicht abreißen läßt.

Vom *Döppersberg* aus bin ich zunächst einmal ohne jede Musikbegleitung bis zur Endstation *Vohwinkel* gefahren, leider kann man dort nicht im Wagen sitzen bleiben, sondern muß aussteigen, die Treppen hinuntergehen und den Bahnsteig auf der anderen Seite wieder besteigen, um die Rückfahrt anzutreten. Beim Hinuntergehen noch auf der Treppe wußte ich plötzlich genau, was ich während der nächsten Fahrt hören wollte, die *Violinkonzerte*, die hohe Solo-Stimme der über den Orchester-Klängen schwebenden, sich ihnen bald vorsichtig nähernden und dann sich wieder von ihnen entfernenden Violine entsprach genau dieser Fahrbewegung und dem einzigartigen solistischen Blick, den man von oben aus hat.

1775 war das Jahr der Violinkonzerte, auf den frühsten Versuch und Vorläufer, das *Violinkonzert in B-Dur* (*KV 207*), folgten, kurz hintereinander komponiert, vier weitere Konzerte (*KV 211, KV 216, 218, 219*), die den Eindruck erwecken, als habe Mozart sich in den Sommer- und Herbst-Monaten dieses Jahres in einen Violinvirtuosen-Rausch schreiben wollen.

Die festliche Abfahrt in *Vohwinkel* mit dem *Violinkonzert in D-Dur (KV 211)*, ein kurzes Aussteigen am *Bahnhof Zoo*, um den langsamen Satz mit dem Erinnerungs-Blick auf das *Zoo-Stadion* zu hören, in dem ich als Kind so viele Leichtathletik-Stunden verbrachte, schließlich die Weiterfahrt mit dem springenden, tanzenden, bewegungstollen dritten Satz, einem Schwebe-Satz ohnegleichen.

Am Bahnhof *Döppersberg* eine Pause von einer halben Stunde, dann in die Bahn Richtung *Oberbarmen*, Richtung Schauspiel- und Opernhaus also, mit der Zündung des ersten Satzes von *KV 219*, einem noch verhalten lodernden Feuer in A-Dur, aus dem die stille Flamme der Solo-Stimme emporsteigt und in einem zweiten Anlauf ganz in die Höhe schießt.

An der Endstation *Oberbarmen* aussteigen und für einen Kaffee hinunter zum *Berliner Platz*, wo in einem Imbißwagen jetzt, am Mittag, *Holländische Pommes frites* oder *Dicke Bohnen mit Mettwurstscheiben* angeboten werden. Während ich den Kaffee trinke, hängt mir die Schlaufe des Kopfhörerkabels noch um den Nacken, diese Kabel wollen nicht von mir lassen, und ich will mich nicht von ihnen trennen, denn ich weiß genau, was für ein großer Moment nun auf der Rückfahrt zu erwarten ist: Der zweite Satz von *KV 216*, das Orchester gibt zu Beginn nicht mehr vor als eine *Stimmung*, es breitet den Teppich aus …, ab und zu noch einige Einwürfe, sonst aber nimmt die Violine das Terrain vollständig in Besitz, sie durchstreift es, mißt es aus, unendlich verhalten und vorsichtig.

Wie hell und Menschen- und Ding-zugewandt wird doch dieses Fahren durch die Musik! Sie ist der dahingleitende, schwirrende Bogen, der beide Ufer der Wupper miteinander verbindet, sie schnellt durch diese Kulissen und entflammt sie, die bunten, leicht schwankenden Wagen sind Mozart-trunken, in voller Lautstärke höre ich dieses Brausen und Dahinschnellen, diese *Feuer-Musik*, die etwas Züngelndes, Himmels-Süchtiges, in den Himmeln Eintauchendes hat (der erste Satz von *KV 219:* ein einziges Sonnen-Glühen, die Soli als *Protuberanzen ...*).

Später, atemlos, in mich gekauert, auf einem der Bahnsteige sitzend: Vollkommen benommen, die Musik spielt jetzt in mir weiter, ohne daß ich sie noch durch die Kopfhörer hören müßte ...: *Das Violinjahr 1775 ...*, und der Gedanke, daß er sich mit diesen Konzerten aus dem Krisenjahr herausgetanzt, daß er sich von allen Lebens-Banalitäten abgewendet und *entfernt* hat ...

27. Juni 2005 (*Klavierkonzert D-Dur, KV 175*). An diesen sommerlichen Tagen findet beinahe das ganze Leben draußen im Garten statt (der Garten als Musikzimmer, als von Musik belebter und sie reflektierender Raum). Während meiner Lektüren höre ich im Radio ein morgendliches Konzert, plötzlich, schon nach den ersten Klängen, lege ich das Buch fort und wende mich dem Konzert zu, ich höre ein Mozartsches *Klavierkonzert*, das ich noch selten gehört habe, es ist, wie ich später erfahre, das *Klavierkonzert in D-Dur* (*KV 175*), es ist das erste, das er überhaupt geschrieben hat, auch dieses Konzert ist nach seiner Rückkehr aus Italien Ende

1773 entstanden und folgt damit auf das erste *Violinkonzert.*

Die *Eroberung dieser Gattung* erfolgt mit festlichen Akzenten: Das *D-Dur* des ersten Satzes hat etwas Portalhaftes, es gibt einen Rahmen vor, in den der Klavierpart noch vermittelnd und behutsam eingesetzt wird, das Orchester bewacht die Szenerie und erteilt der Solo-Stimme erst die Daseins-Berechtigung und ihre momentanen Freiheiten, im zweiten Satz zieht diese Solo-Stimme dann allein und losgelöst durch das Terrain (und artikuliert sich schon hier in bewußter Einfachheit, in knappen Andeutungen und Schritten, ganz auf sich zurückgezogen, dem Orchester nur einige *Beigaben* abverlangend). Von Anfang an denkt Mozart das *konzertante Moment* nicht als Gegeneinander von Soli und Tutti, sondern als ein *Gespräch* zweier *Brüder*, die ein gemeinsames Haus oder ein gemeinsames Stück Land bewohnen und sich in diesem beschränkten Terrain umschauen und es Schritt für Schritt erkunden (Der erste Satz als *Aufbau des Geländes*, der zweite als ruhiger, stiller *Spaziergang*, der dritte, oft tanzähnliche, als *Sich-Ausagieren ...*).

28. Juni-07. Juli 2005. Alte Aufnahmen (Mozarts Violinkonzerte)/Zur Geschichte des Musik-Hörens. Die Befreiung vom Musik-Hören im Musik-Zimmer, diesem oft dunklen, statischen, mit Noten, Büchern und Instrumenten überfüllten Raum, erlebte ich Ende der fünfziger Jahre, als ich mein erstes *Kofferradio* erhielt. Es war ein kleines, rotes, tragbares Gerät der Marke *Grundig*, das ich von nun an überallhin mitnehmen konnte. Um es richtig nutzen zu können, mußte man sich in den Sendezeiten der Klassik-Programme auskennen, man stellte das Gerät an bevorzugten, einsamen Plätzen irgendwo drinnen im Haus oder draußen im Freien auf, damit wurden diese Räume in der näheren und weiteren Umgebung zu luftigen, kleinen *Konzert-Räumen*, in denen man Musik hören konnte, ohne durch Mit-Hörer gestört zu werden.

Das bewegliche, überallhin mitnehmbare *Kofferradio* bedeutete einen ersten Schritt hin zur Befreiung der Musik von ihren alten, kultischen Aufführungsräumen, es setzte die Musik neuen Umgebungen aus und nahm ihr etwas von ihrer sonst steifen Feierlichkeit. So wurde sie zu einem belebenden, stimulierenden *Medium* des Alltags, dessen man sich jederzeit bedienen konnte, um die Umgebung oder die eigene Stimmung zu verwandeln. Das *Kofferradio* transponierte Musik in alle Lebensvollzüge und machte sie dadurch zu einem selbstverständlichen Moment privater Erfahrung, bestimmte Momente dieser Wirklichkeit ließen sich auf diesem Weg leichter erkunden und erfassen, plötzlich *öffnete* Musik die Welt, sie *schloß sie auf*, sie *erschloß* sie ... (Meine Begeisterung beim erstmaligen Hören von Mozarts Musik aus dem Kofferradio: Von nun an konnte ich also diese Musik mit mir herumtragen, ich konnte sie überall hören, jeder Raum war von nun an prinzipiell auch ein Raum für Mozarts Musik ...)

In den sechziger Jahren kam das *Auto-Radio* hinzu, wobei mir Musik aus dem Auto-Radio oft zu sehr als eine Art von Betäubung erschien, im Auto bekam sie etwas

Trancehaftes, Enges, der kleine Raum erhielt dann etwas von einer dem sonstigen Leben entzogenen Zelle, in die man während der Fahrt flüchtete, um der Umgebung zu entkommen. Fahren, Hören und Sehen – das vertrug sich nur selten miteinander, meist standen sich diese Tätigkeiten im Wege, die Musik beanspruchte zuviel Aufmerksamkeit, oder die Bilder ringsum löschten sie aus, oder das Fahren dominierte alle Gedanken, so daß man weder etwas hörte noch sah.

(Inzwischen gibt es dazu exaktere, musikpsychologische Untersuchungen, wobei man herausgefunden hat, daß genaues Hinhören auf Musik vom Autofahren ablenkt, und zwar in einem so starken Maße, daß die Musik hörenden Autofahrer es nicht einmal mehr bemerken. Während eher monotoner Strecken dagegen kann *Musikhören*, sofern der Fahrer nicht genau hinhört, sondern bloß hört, auch ein Gewinn sein: »Bei einem Tempo von 100 km/h kann auf einer langweiligen Strecke ein Autofahrer, der unvorhergesehen reagieren muß, dies 2,77 m eher tun, wenn er Musik hört.« (Helga de la Motte-Haber/Heiner Gembris/Günther Rötter: *Das erste Experiment*. In: Helga de la Motte-Haber/Günther Rötter (Hrsg.): *Musikhören beim Autofahren*. Frankfurt/M. 1990, S. 32)

Neben *Koffer-* und *Auto-Radio* gab es Mitte der sechziger Jahre dann den ersten *Cassetten-Recorder* (der Marke *Philips*), der die endgültige Befreiung vom vorprogrammierten Hören bedeutete. Mit Hilfe des Recorders konnte ich Radio-Programme aufzeichnen und jederzeit hören, damals begann ich, Mozarts Musik gezielt (und mit Hilfe von *Werkverzeichnissen)* zu sammeln, vor allem aber ermöglichte der Recorder die Aufzeichnung von *Live-Konzerten* im Radio (aus der *Carnegie-Hall* ..., aus dem Konzertsaal des *Mozarteums* in Salzburg ...) und eine große Vielfalt von Mitschnitten der verschiedensten Interpretationen ein und desselben Stückes, die ich mir in dieser Zahl auf Schallplatte nie hätte leisten können. Mitte der sechziger Jahre begann ich daher auch, die entlegensten und nur selten aufgeführten Kompositionen ernst zu nehmen und zu beachten, ja gerade die Seltenheit von Stücken war oft ein Kriterium dafür, Jagd auf sie zu machen und sie in den detailliert ausgedruckten, penibel studierten Programmlisten der *Programmzeitschriften* zu entdecken. (Gerade die besonders seltenen Stücke waren immens begehrt, ich kopierte sie, ich tauschte sie gegen Lücken in meiner Sammlung, jahrelang war dieses Sammeln ein zentrales Thema in den Gesprächen mit dem gleichaltrigen, besten Freund, der zum Glück einen ganz anderen Musik-Geschmack hatte als ich (sein Hang zu den schweren, tragischen Stücken, zu Bruckners *Symphonien,* zur italienischen, großen Oper).)

Der Kauf eines *Walkman* in den achtziger Jahren bedeutete den nächsten Schritt hin zu einem noch freieren Hören. Sein großer Vorzug bestand darin, daß er leicht war und sich irgendwo am Körper anbringen ließ, wie ein Musik-Instrument wurde er so beinahe zu einem Teil des Körpers selbst, über die Ohrenstöpsel der Kopfhörer *bespielte* er ihn, die Musik wirkte nun ganz direkt und physisch auf den Körper ein, denn der Walkman veränderte seine Bewegungen und Rhythmen, ja er absorbierte ihn, wann immer das gewünscht war, beinahe vollständig von störenden Geräuschen der Umgebung. (Als das höchste Ziel des Walkman-Hörens erschien mir damals die *Augenblicks-Präsenz der Musik,* ihr Leuchten und Erstrahlen in der Zeit, ihre *Vereinigung mit dem Raum,* so wie es euphorische Theorien dieses Hörens damals skizzierten: »Autonomie ist nicht immer ein Synonym für Isolation, Individualisierung, Trennung von der Realität; vielmehr ist sie, so paradox es auch erscheint, unerläßlich für den Prozeß der *Selbst-Vereinheitlichung*. Walkman-Hörer müssen nicht unbedingt von ihrer Umgebung abgeschnitten sein (oder «entfremdet», um einen wertlastigen Begriff zu benutzen), indem sie ihre Ohren schließen. Sie sind eher mit dem autonomen, einmaligen Augenblick, dem Realen, vereint – jedoch nicht als Personen oder Individuen.« (Shuhei Hosokawa: *Der Walkman Effekt*. Deutsch von Birger Ollrogge. Berlin 1987, S. 18))

Heutzutage habe ich auf Reisen fast immer einen *MP3-Player,* einen *Discman* und einen kleinen, an diese beiden Geräte anschließbaren Lautsprecher dabei. Der *MP3-Player* speichert die große Sammlung, mit Hilfe des *Discman* höre ich einzelne, besonders gute oder auch neue, noch nicht gespeicherte Aufnahmen, während der Lautsprecher mir die Möglichkeit gibt, jeden Raum in einen kleinen Konzert-Raum zu verwandeln (Zug-Abteile sind – als Nachfahren von Innenräumen der alten Kutschen – geradezu ideal für ein solches Hören, man bewegt das Fahrzeug nicht selbst, es wird bewegt, die Konzentration kann sich darauf *verteilen*, Musik und Umgebung zusammenzuführen ...).

In diesen Tagen hörte ich einige der ältesten, von mir mitgeschnittenen *Cassetten-Aufnahmen*, es waren vierzig Jahre alte Aufzeichnungen von Mozarts *Violinkonzerten* in sehr bescheidener Aufnahmequalität, ich hörte all diese Konzerte mehrmals, doch es war mir unmöglich, sie *anders* zu hören als vor vierzig Jahren, die Patina der Mitschnitte erlaubte es nicht, so hörte ich als der aufgeregte, hellwache Jugendliche zu, der sich diesen Konzerten mit all ihrem Stimmungsüberschwang einfach nur *hingegeben* hatte (damals war das Hören *enthusiastisch* und *puristisch* zugleich: Ich hatte die Vorstellung, schmal zu werden und schmal zu bleiben durch dieses Hören, ich aß wenig und trank ausschließlich Wasser, alle *Narkotika* wurden verschmäht, da sie den nur auf das Hören konzentrierten Körper hätten beeinflussen oder sogar ablenken können ...).

08. Juli 2005. München (La finta giardiniera, KV 196). Ein großer Landsitz im italienischen Süden mit schönem Garten, ein naher Wald und drei liebestolle Paare – das ist *La finta giardiniera,* Mozarts zweite Buffo-Oper, die mit all ihren Verwechslungen, Entlarvungen und Geständnissen die Atmosphären der *Hochzeit des Figaro* bis in die Charakterisierungen der Figuren vorwegnimmt. Wie *Lucio Silla*, so ist auch das komische Gegenstück *La finta giardiniera* kein sogenanntes Jugendwerk mehr, Mozart nimmt die umständlich verwirrende Handlung vielmehr souverän auseinander und hält sich wie immer an die Personen, deren Gefühlsregungen er so genau nachgeht, daß manchmal sogar nur zwei, drei Akkorde genügen, um ein Schwanken oder eine Veränderung anzudeuten. In der Tat geht es ja auch weniger um ein

Geschehen, das sich am Schluß entwirren ließe, als eher um ein *Dickicht von Gefühlen*, die sich letztlich niemals genau werden auseinandersortieren lassen. *La finta giardiniera* präsentiert zum ersten Mal in Mozarts Werk die *Ekstasen der Galanterie* in allen Facetten: Stolz, Eifersucht, Rache, Liebeswahnsinn – genau dieser rasche, unermüdliche Wechsel der Gefühle, ihr Erstarken und Umschlagen ins Gegenteil in ein und demselben Moment kommt Mozart entgegen, so wird *La finta giardiniera* zu einer durch und durch von den erotischen Atmosphären und Stimmungen durchtränkten Oper, in der die Figuren selbst nichts anderes sind als Stimmungsträger oder *atmosphärische Zustände*. Der Garten, der Wald – das sind die beiden unterschiedlichen Hell-Dunkel-Zonen, in denen sie sich aufhalten, verlaufen oder verstecken, ihre größte Lust ist dieses Umherlaufen und Umherhaschen, das Mozart zweimal, im Finale des ersten und zweiten Aktes, bis hin zur Tollheit der Figuren gestaltet. In diesen sich immer mehr hin zur *galanten Raserei* bewegenden, furiosen, jeweils beinahe eine viertel Stunde dauernden Schlußpartien agieren die Figuren in der ihnen eigentümlichen wilden und dionysischen Blindheit, die ihnen letztlich keinen klaren Blick auf die Welt, sondern immer nur ein ungewisses Ahnen und Zittern erlaubt. Damit nun wiederum zu spielen, diese wilde Blindheit zu präsentieren und vorzuführen – das ist das Meisterstück, das Mozart mit der Komposition der beiden Schlußpartien ablegt.

Im *Englischen Garten* in München: Genau hier müßte man *La finta giardiniera* aufführen, diese Kulissen wären ideal für die Oper, ich sehe die enteilenden, dahinziehenden, einander wieder begegnenden und sich kurz darauf erneut trennenden Paare vor mir, ich sehe diese nur leicht gewundenen Wege als ideale Pfade ihrer labyrinthischen Gestimmtheit.

09. Juli 2005. Salzburg (Symphonien G-Moll, KV 183; A-Dur, KV 201). Für drei Stunden bin ich auf Durchreise in Salzburg, rasch nehme ich mir ein Taxi und fahre vom Bahnhof hinüber zum *Makart-Platz*, um mich, so lange es irgend geht, im *Tanzmeister-Haus* aufzuhalten. In meiner Kindheit waren all diese Räume noch nicht wieder hergerichtet, an der Stelle des durch einen Bombenangriff zerstörten Wohnhauses der Familie Mozart nach ihrem Umzug stand vielmehr ein modernes, vierstöckiges Bürohaus, das erst in den neunziger Jahren abgerissen und durch den heutigen, die alten Wohnverhältnisse rekonstruierenden Bau ersetzt wurde. Ich gehe hinauf in den ersten Stock und betrete den hellen, großen *Tanzmeistersaal* mit seinen Vitrinen, alten Instrumenten und Bölzlscheiben, und ich schaue hinaus auf den weiten, freien Platz draußen, dessen Nähe die neue Orientierung der Familie Mozart nach ihrem Umzug markiert. Die Wohnung in der *Getreidegasse 9* erscheint von hier aus nämlich wie ein dunkler Fuchsbau, eingebettet in die verwinkelten Bezirke der Altstadt, die vom gewaltigen Bau der Residenz und vom nahen Dom dominiert wurde. Residenz und Dom, kaum einen Steinwurf entfernt, waren der sichtbarste und gewichtigste Bezugspunkt aller Arbeit und Dienste, sie ließen die Ansprüche des Fürsterzbischofs und damit des Dienstherrn immer gegenwärtig sein, verließ man das Haus in der *Getreidegasse,* befand man sich in seinem Terrain, man duckte sich unter der Größe der nahen Gebäude-Riesen, man schlich an ihnen entlang, bei jedem Schritt war einem bewußt, daß man sich in seinem Hoheitsbereich aufhielt. Für Mozart, der seinem Kindheitsvirtuosentum entwachsen und von drei italienischen Reisen zurückgekehrt war, muß diese Empfindung wie eine Zumutung gewirkt haben, führten ihm die nahen fürsterzbischöflichen Gebäude doch deutlich vor Augen, wie eng sein Leben und Komponieren an den Hof gebunden waren. Hier, im *Tanzmeisterhaus* aber, befand man sich auf der anderen Seite des Flusses, in der helleren Neustadt mit ihren weiten Plätzen und den breiten Straßen. Der große Saal, in dem die Familie von nun an ihre Gäste empfing, antwortete auf die Prunksäle der Residenz, er war ihr selbstbewußter Widerpart und machte allen Besuchern klar, daß die Familie sich nicht mehr unter den Fittichen eines Dienstherrn verkroch, sondern sich selbstbewußt und entschieden in einem eigenen Ambiente behaupten wollte.

Zwei der nach der Rückkehr aus Italien komponierten *Symphonien* wirken heute wie markante Darstellungen dieses Selbstbewußtseins: die *Symphonie in G-Moll* (*KV 183*) und die in *A-Dur* (*KV 201*). Anders als die in Italien entstandenen Symphonien haben diese nicht nur drei, sondern vier Sätze, die sich zudem noch eng aufeinander beziehen. Die *Symphonie in G-Moll* ist Mozarts erste Symphonie in einer Moll-Tonart und läßt sich mit ihrer auffahrenden und auftrumpfenden Gestik nicht mehr nur als orchestrales Präsentationsstück eines Komponisten, der sein Können unter Beweis stellen möchte, verstehen, sondern als eine ins Dramatische zielende

Darstellung von Expressionen und Gefühlsbewegungen. Die hellere und geschmeidige *A-Dur-Symphonie* kehrt diese Expressionen ins Gesellige, es ist die Symphonie eines Künstlers, der die ihm anvertrauten Gruppen und Scharen durch die Weite einer Landschaft führt. Der große Stil beider Symphonien setzt sich über die früheren, vor allem von höfischen Anforderungen diktierten Symphonien-Gebilde hinweg, Mozart geht es jetzt darum, sich diese neue Form so zu erschließen, daß ihre verschiedenen Sätze zu *Bildern* eines Gesamtzustandes werden. Die *Symphonie* als *Erzählung* oder als *Drama im Kleinen* – in diesem Sinn eignet er sich nun die Künstlichkeit der Form an.

Der Blick hinaus aus den Fenstern, die Musik der beiden *Symphonien* im Ohr, und dabei das nicht zu verdrängende Empfinden, daß diese Stücke einen Anspruch und eine Weite markieren, die sich auch mit dieser großen Wohnung und ihrem festlichen Empfangssaal nicht mehr lange werden vereinbaren lassen ...

Draußen gleitet der Verkehr still vorbei, doch die Musik wirkt, als durchschnitte sie ungeduldig (*G-Moll*) oder emphatisch (*A-Dur*) die kleinen Wege und Drehungen, die hier noch zurückgelegt werden. Von hier aus wirken die Residenz und der Dom wie Kulissenbilder, die weit hinübergerückt sind unter die über der Stadt thronende Festung und die begrenzenden Abhänge zu ihren Seiten.

09. Juli 2005. Nachts, im Zug. Wie sehr mir die unglaubliche Lässigkeit gefällt, mit der die *Symphonie in A-Dur*

(*KV 201*) eröffnet wird ..., eine einzige, kurze musikalische Geste genügt, ein winziges elegantes Antippen ..., und schon setzt sich alles in der besten Gestimmtheit in Bewegung und zieht in einer so sommerlichen Weise übers Land, daß von allen Seiten aus Spaziergänger dazustoßen und diesen festlichen Aufbruch begleiten ...

Das *Souveräne* – in Mozarts besonderem Fall zeigt es sich nie durch demonstrative Gesten oder offenkundige Überanstrengung, sondern, ganz im Gegenteil, durch ein fast provozierendes Unterlaufen jeglicher Erwartung von Größe, durch ein Zurückstimmen der übertriebenen Ansprüche auf musikalische Elementarformeln.

Der Anfang der *Symphonie in A-Dur* (*KV 201*) als *Ohrwurm*, ich durchlaufe in der Nacht immer wieder den ganzen, beinahe leeren Zug, werde den Ohrwurm aber nicht los, er pocht und tickt in mir, er verfolgt mich so, daß es mir vorkommt wie eine Infektion.

10.-17. Juli 2005. Studium (*Klaviersonaten KV 279–284*). Erst mit beinahe zwanzig Jahren schreibt Mozart seine ersten Klaviersonaten, der späte Zeitpunkt seiner Beschäftigung mit dieser Gattung läßt einen erstaunen, und dieses Erstaunen wird noch stärker, wenn man sich wieder vergegenwärtigt, daß sein gesamtes Komponieren vom Klavier ausgegangen ist und das Klavier auch weiterhin den zentralen Bezugspunkt seines Komponierens gebildet hat. Man kommt dem Phänomen aber näher, wenn man bedenkt, daß Klaviersonaten eine rein *solistische* Gattung sind und Mozart den rein solistischen

Auftritt nach den Virtuosenjahren als Kind höchstens in Verbindung mit einem Orchester suchte. Bis Mitte der siebziger Jahre ist fast sein gesamtes Komponieren auf ein *geselliges* Moment ausgerichtet, er schreibt Stücke für einen geselligen Raum und einen geselligen Ausdruck, ja er benötigt zum Komponieren die Vorstellung von einem *Kreis* oder einer *Runde* von Instrumenten und Stimmen, deren Umgang miteinander er dann gleichsam in dialogischen Formen gestaltet und intimisiert. Mitte der siebziger Jahre ist jedoch eine andere Ausrichtung seines Komponierens zu erkennen, sie zeigt sich in seinem wachsenden Interesse am Auftritt von Solo-Instrumenten mit Begleitung des Orchesters und in der Hinwendung zur Klaviersonate, die sich nicht nur dadurch erklären läßt, daß er auf seinen Reisen jetzt auch als Klavierlehrer auftritt oder die Klaviersonaten als Übungsstücke für den wachsenden Kreis seiner Schülerinnen und Schüler und schließlich auch als Repertoirestücke für seine eigenen pianistischen Auftritte verwendet. Viel tiefer ist die Hinwendung zu der neuen Gattung nämlich darin begründet, daß Mozart gleichsam noch einmal *bei seinen Anfängen,* ja daß er noch einmal *von vorne* beginnt. Wie in seinen Kindertagen setzt er sich ans Klavier und erkundet den musikalischen Raum neu, er spekuliert, phantasiert, er sucht nach dem ureigenen, individuellen Ausdruck, nach der *Intimsprache* seines Selbst, ungestört von allen anderen Ansprüchen. So werden die Klaviersonaten zu *experimentellen Übungen* und immer mehr auch zu *Selbst-Erforschungen*, gerade dieser Ansatz verleiht ihnen oft etwas Sprödes, Zurückgenommenes, etwas von *musikalischer Reflexion* und *Besinnung*. Eine Klaviersonate zu schreiben, bedeutet daher: Den Stand seines Nachdenkens über Musik zu fixieren, einen Augenblicks-Eindruck dieser Reflexion zu entwerfen, den jeweiligen Tagen eine Musik abzutrotzen, die wie eine *intime Tagebuch-Schrift* wirkt. Dadurch werden die Sonaten zu Kommentaren seiner Stimmungen und seiner Verfassung, sie erlauben das Abschweifen, das Sich-Umschauen, und sie bedeuten ein besonderes, für Mozart neuartiges *Moment von Konzentration*.

Solche Veränderungen seines kompositorischen Ausdrucks erscheinen einem noch eigentümlicher, wenn man bemerkt, daß die Komposition der Klaviersonaten eine Hinwendung zu *Sonaten für Klavier und Violine* (*KV 296, KV 301–306*) nach sich zieht. Die Parallelen zu seinen Kindertagen sind offensichtlich: Mitte der siebziger Jahren begründet Mozart sein Schaffen neu, und er tut es in genau *den* Schritten, mit denen er sich bereits als Kind den musikalischen Kosmos aneignete.

18. Juli 2005 (*Klavierkonzert Es-Dur, KV 271*). Noch vor dem Aufbruch zur großen Paris-Reise im Herbst 1777 komponiert Mozart ein Klavierkonzert, das seine gesamte Entwicklung in den zurückliegenden Jahren zusammenzufassen scheint. Das Klavier kann und darf hier einfach alles: Es meldet sich schon nach der ersten, kurzen orchestralen Phrase, schweigt dann lange, taucht plötzlich unvermutet aus dem klanglichen Untergrund auf, spielt mit dem Orchester, enteilt ihm, redet auf es ein und meldet sich im zweiten Satz in einem fast ununterbrochenen Sprechgesang, der ein einziges Zu-sich-selbst-Sprechen ist, voller Selbstgewißheit und

Schönheit und voll von jenem emotionalen Eigen-Sinn, an den sich das Orchester nur noch anlehnen kann, bevor das Klavier die Sache ganz in die Hand nimmt und den dritten Satz so eröffnet, als lasse es sich durch nichts, aber auch gar nichts mehr halten.

Der unheimliche zweite Satz ..., bei dem ich Takt für Takt mitgehe und den Atem anhalte ..., fassungslos, wie die Intimität des Klaviergesangs alles Orchestrale durch ihr pures Erscheinen links liegen läßt und beschämt ..., das Ganze ist fast ein einziges Rezitativ, wird kaum melodiös, sondern bleibt Sprechen, Sprache, Deklamation: das *Rezitativische* als Kunstform, als eigener Ausdruck ...

Aufbruch mit dem Fahrrad in die menschenleeren Wälder, die sich direkt an das Gartenhaus anschließen, ruhiges Treten, ein gleichmäßiger Flug durch diese sonnendurchzogenen, aber kühlen Waldstreifen und Lichtungen, der erste Satz als *Aufbruch*, die Bewegung kommt in Gang, wird schneller, breitet sich in die Umgebung aus, reißt mit ..., dann, zu Beginn des zweiten Satzes, eine Pause, mit diesem Satz in den Ohren kann ich nicht weiterfahren, und so warte ich, bis er den stillhaltenden Körper durchstreift und verwandelt und dieser berührte Körper bereit ist für die rasche Fahrt, für die *Fernflucht* des dritten Satzes.

19. Juli 2005. Manchmal, wenn ich von einem Spaziergang zurückkomme, höre ich schon aus einiger Ferne jemanden im Musikzimmer Klavier spielen, und jedes Mal bleibe ich für einen Moment stehen und mache mir erst einmal klar, daß es der zehnjährige Lu ist, der da gerade spielt, er übt den ersten Satz von Mozarts *Sonate in F-Dur* (*KV 332*), er zerlegt diesen Satz in all seine seltsamen Phrasen und übt jede für sich, als wolle er beweisen, wieviel durchaus Verschiedenes sich Mozart in diesem Satz hat einfallen lassen. Eine Weile höre ich zu und rühre mich nicht und zeige mich Lu auf gar keinen Fall und schleiche nach einer Weile ins Haus, voller Sehnsucht, genau diesen ersten Satz der *Sonate in F-Dur* möglichst bald ebenfalls wieder und wieder zu üben …

20.–26. Juli 2005. Studium (Die Sprachmusik der großen Paris-Reise 1777–1779 / Klaviersonaten KV 279–284, KV 309–311). Die große Paris-Reise der Jahre 1777 bis 1779 markiert das Ende der langen *Zeit des Wartens*: So wie in den letzten Jahren kann es nicht weitergehen, noch ein letztes Mal unternimmt die Familie einen Anlauf, um Mozart eine Stelle bei Hofe zu verschaffen, doch diesmal haben sich die Konstellationen entscheidend verändert.

Schon der Aufbruch am 23. September 1777 läßt erkennen, was der Familie bevorsteht, die Vorzeichen sind unübersehbar. Mutter und Sohn nehmen den alten Reisewagen, in der Früh gegen 6 Uhr steigen sie in das Gefährt, das in besseren Tagen erworben worden war. Leopold ist erschöpft, er nimmt den ganzen Abschied nicht richtig wahr, beim Einpacken hilft er wie in Trance, am Ende vergißt er sogar, den Sohn mit seinem Segen zu verabschieden. Matt und geschwächt kehrt er ins Haus zurück, wo er auf die weinende Tochter trifft, die fast den ganzen Tag der Abreise im Bett bleibt. Sie muß sich erbrechen, es geht ihr nicht gut, man schließt die Fensterläden, aber auch Leopold legt sich ins Bett und schläft bis zum Mittag, erst als der Hund ihn weckt, geht er dann doch ein paar Schritte hinaus vor die Tür.

Es ist, als hätten die Beteiligten die bevorstehenden Katastrophen und das ganze Scheitern der aufwendigen Reise geahnt, Mozart reist mit dem väterlichen Auftrag, Geld zu verdienen und eine Anstellung zu finden, aber die Umstände der Reise sind vollkommen anders als jemals zuvor, denn diesmal reist nicht der familiäre Familienverband, und diesmal reisen auch nicht Vater und Sohn, daher ist Mozart gleichsam des gesamten Schutzes beraubt, den er auf all seinen früheren Reisen genoß. Abrupt und dramatisch kehren die Verhältnisse sich um, Mozart soll auf einmal verschiedene Sprachen sprechen, die geschäftlichen wie die künstlerischen, ganz allein muß er die Reise regeln, während der Vater aus der Salzburger Ferne alles verfolgt und kritisch überwacht.

Wie soll er vorgehen? An wen soll er sich wenden? Diesmal gibt es keinen sorgfältig ausgearbeiteten Reiseplan wie früher, niemand berät ihn, nur auf wenige Freunde ist noch Verlaß. Sein erstes Schreiben, in dem er über die Reise berichtet und sich dem väterlichen Auftrag stellt, klingt noch heiter, es deutet sich aber untergründig bereits an, daß die Sprachen beginnen auseinanderzudriften: »Viviamo come i Principi. Uns gehet nichts ab als der Papa, je nu, gott wills so haben, es wird noch alles gut gehen, ich hoffe der papa wird wohl auf seyn, und so vergnügt wie ich, ich gebe mich ganz gut drein, ich bin der anderte Papa, ich gieb auf alles acht, ich habe mir auch gleich ausgebeten die Postilionen auszuzahlen, denn ich kan doch mit die kerls besser sprechen als die Mama. Zu wasserburg beym stern ist man unvergleichlich bedienet, ich sitze da wie ein Prinz. vor einer halben stunde, Meine Mama war just auf dem h=l, klopfte der hausknecht an, und fragte sich um allerley Sachen an, und ich antwortete ihm mit aller meiner Ernsthaftigkeit, wie ich im Portrait bin; ich muss schliessen, Meine mama ist schon völlig ausgezogen, wir bitten alle zwey, der Papa möchte achtung geben auf seine gesundheit; nicht zu früh ausgehen; sich nicht selbst verdruß machen, braf lachen und lustig seyn ...« (II, 7)

Die Dispositionen scheinen also klar, und sie scheinen auch Mozart selbst deutlich genug gewesen zu sein: »ich bin der anderte Papa«. Das drückt sich aufs deutlichste darin aus, daß er jetzt die langen Briefe mit den »Reis-Beschreibungen« und all den detaillierten Meldungen über den Verlauf der Reise nach Salzburg schreibt. Er muß zu schreiben beginnen, gesetzt, eins nach dem andern sagen, gerade das aber ist ihm, wie wir von seinen italienischen Briefen her wissen, nicht möglich. Mozarts Schreiben ist Gegenwart, Lautlichkeit, Akustik der Umgebung, nun aber soll er die Worte versammeln und ordnen und in einen Zusammenhang bringen. Mozart stürzt sich, wie die Briefpassage vom Beginn der Reise beweist, in seine neue Rolle, die der des Vaters nachempfunden und abgeschaut ist, auf alles »acht geben« will er, »gut drein geben« will er sich, und gerät doch unmerklich ins Schwadonieren, in die Sphäre der Belustigungen und Komik, in die also des bloß gemimten Ernstes, so daß er sich in Positur wirft, mit gespielter Gründlichkeit bei der Abfertigung der Dienstleute, die gleich wieder unterlaufen wird durch die Nachricht, daß die Mama auf dem Häusel gesessen habe. So nimmt er sich die gesetzte Briefsprache vor und spricht dann doch anders, er flüstert beiseite, er läßt sein Lachen und seine Ausgelassenheit alles grundieren, daher wird der ordentliche Briefton der »Reis-Beschreibungen« von Anfang an durchsetzt von den ihn auseinandernehmenden Anklängen an die musikalische, die freiere Sprache der Laute und Klänge.

Was Mozart am Anfang dieser Reise noch nicht ahnt, ist, wie sehr ihm der frühkindliche, geschlossene und familiäre Kosmos, der die Sprachen der Familie und die Sprache der Musik auf unnachahmliche Weise verband, fehlt. Ohne es sich bewußt zu machen, wird er während dieser Reise einen Versuch nach dem andern machen, einen Ersatz für ihn zu finden, zwanghaft werden ihn diese Versuche umhertreiben, und doch wird sich kein Zusammenhalt finden lassen, der dem alten auch nur nahekommt. Die Reise nach Paris erhält durch diese zunächst internen Spannungen im Familienkosmos ihre Themen, deren erstes das Thema der *Zeit* ist. Je weiter sich Mozart nämlich von Salzburg entfernt, um so mehr will er umherschlendern, ziellos zunächst, auf Zeitgewinn aus, auf Gewinn einer Zeit, die nur ihm zur Verfügung steht, als Akt der Befreiung, als Akt einer erstarkenden und dann durch nichts mehr anzutastenden Autonomie. Die Mutter mischt sich nicht ein, natürlich nicht, sie ist seine Betreuerin, das Thema Zeit erhält dadurch seine Schärfe, daß ihn der Vater aus der Salzburger Ferne überwacht, daß er diese weite Reise des Sohnes bis in die letzten Details verfolgen und begutachten möchte. Vater und Sohn geraten dadurch gegeneinander, sie bilden ihre Positionen und ihre Ansichten im Blick auf ihre gegensätzlichen Welten im Zweikampf aus, Mozart kann den geschlossenen Kosmos seiner Kinderjahre nur noch im stummen Zwiegespräch mit der Mutter entfalten, im hingemurmelten Dialog, in dem er spricht und antwortet wie früher, als Kind: »heüt ist der 16:te. wo man ihn ausgeschrieben hat, den brief, sonst weis er nicht wann man ihn weg=geschickt hat, den brief. hast ihn ietzt fertig? – den brief? – ja, mamma, ich habe izt fertig den brief.« (II,126)

Derart zerdehnt Mozart die Zeit, er nimmt sich von ihr nach Belieben, läßt sich gehen, schafft sich allmählich seinen eigenen Raum, während der Vater jedes Detail reklamiert und daran festhält, daß *Zeit* eine Ordnung haben müsse, einen roten Faden, gestrickt aus Meldungen, die etwas mit Musik zu tun haben: Mozart soll alles melden, etwa von »der Deutschen opera, wer hat sie componiert? wer hat, und wie wurde gesungen? – kein Wort! von der Academie, wer spielte, wer sang, wer Blies und Pfieff, schöne Musik? Kein Wort! es seyds rare Leute! – ja doch, die Mamma schrieb: bey der opera war eine schöne Musik, da haben wirs, das übrige – schmecks! – Was waren dann für Violin=Spieler da? – H:Fränzl? – – schmecks! und der Philosoph und brosentrockene Raaf? – – schmecks!« (II, 135) Auf solche Vorhaltungen reagiert Mozart immer weniger, er hält inne, die Tage werden zu Erkundungen in der Kunst des Umherschweifens, die sich niederschlägt in der Sprachkunst der Abschweifung und des Stillstands: »doch, ich mag niemahl gern etwas vor der zeit schreiben; es wird sich alles geben; vielleicht kann ich ihnen im zukünftigen brief etwas sehr gutes für ihnen, aber nur gutes für mich, oder etwas sehr schlechtes in ihren augen, aber etwas Paßables in meinen augen, vielleicht aber auch etwas Paßables für sie, und aber sehr gut, lieb und werth für mich schreiben! das ist ziemlich oracl=mäßig, nicht wahr? – – – es ist dunckl, aber doch zu verstehen.« (II,138)

Mit diesem retardierenden Gestus etabliert sich Mozart auf der Paris-Reise zunächst jenseits vom familiären Raum, in einem Niemandsland, in dem man sich leicht verlaufen kann, in dem man den Staub von der Kleidung schüttelt und sich in der neu erworbenen Freiheit umschaut. Aus der Salzburger Heimat erreichen diesen Sich-Entfernenden die Verfluchungen seiner verwandelten Lebensart, Leopold verschärft seinen empörten Ton bis hin zu schweren Drohungen, er gerät außer sich, weil er deutlich spürt, daß sich der Sohn außerhalb seiner bisherigen, in den Familienkosmos integrierten Rollen bewegt: »So eine Reise ist kein Spaß, das hast du noch nicht erfahren, man muß andere wichtigere Gedanken im Kopf haben, als Narrenspossen, man muß hundert Sachen vorauszusehen bemühet seyn, sonst sitzt man auf einmahl im dreck, ohne Geld, – – und wo kein Geld ist, – ist auch kein freund mehr, und wenn du hundert Lecktionen umsonst giebst, Sonaten Componierst, und alle Nächte, statt wichtigen dingen, von 10 uhr bis 12 uhr Sauereien machst ...da hört aller spaß einmahl auf – und im augenblicke wird das lächerlichste Gesicht, ganz gewiß ernsthaft.« (II, 144) Mozarts Gesicht ernsthaft? Augenblicklich? Die Antwort kommt prompt: »Ich kan gescheüt nichts heüts schreiben, den ich heis völlig aus den biel. der hapa üble es mir nicht Müssen Paben, sich so halt einmahl heüt bin, ich helf mir nicht können.« (II, 148)

Im Freiheitsraum, den Mozart sich nimmt, bereitet sich unterdessen auf dieser Reise mehr vor als nur die Distanzierung vom familiären Kosmos, Mozart entfernt sich auch von den ihn fordernden höfischen Zirkeln und entwickelt jenes Selbstbewußtsein des autonomen Künstlers, das ihn wenige Jahre später nach Wien und in die Unabhängigkeit führen wird. *Die Musik*, früher ein Begriff für den familiären Umgang, seine Melodien und sein Zentrum, wird jetzt zu einem Begriff für das Ganze des neuen Lebens und damit für jenes universelle Medium, das ihn vollständig aufnehmen und zu einem Nicht-mehr-Erreichbaren machen soll. In diesem veränderten Sinn spricht er auf der Paris-Reise zum ersten Mal ernsthaft und bekennend von ihr und rückt sie zwischen sich und den Vater: »sie wissen daß ich so zu sagen in der Musique stecke – daß ich den ganzen Tag damit umgehe ...« (II, 427) Sie wissen ... – das bedeutet: Sie sollten es wissen, Sie sollten es in seinem ganzen Umfang begreifen, Sie sollten zur Kenntnis nehmen, daß ich nicht mehr bereit bin, die Musik der Welt anzudienen und mich diesem Dienst zu opfern, sondern daß ich *in* der Musik lebe, *in* ihr, als der, der sich mit ihr in noch ganz andere Gefilde als die vertrauten, bekannten aufmachen wird.

Die allmähliche Entfernung von den Bindungen an Salzburg hinterläßt auf dieser Reise ein immer merklicher sich auftuendes Vakuum, das Mozart zu füllen versucht. Dabei richtet sich seine Suche auf eine *Ersatzfamilie*, die in möglichst allen Belangen Ähnlichkeiten mit der eigenen Familie aufweisen sollte. Dominant müßte in dieser Ersatzfamilie also die Musikausübung sein, von Vorteil wäre ein weibliches Familienmitglied, das ihn an die eigene Schwester erinnert, ideal aber wäre jemand, der Mozart wie auf den weiten Reisen der Familie in ihren alten Tagen als Sohn adoptieren würde. Als er in Mannheim schließlich der Familie Weber begegnet und sich sofort in eine der Töchter, Aloysia Weber, verliebt, scheint diese Suche vorerst abgeschlossen, daher kann er dem Vater melden: »unter dieser Zeit wird sich Herr weber bemühen sich wo auf Concerts mit mir zu Engagiren. da wollen wir mit einander Reisen. Wenn ich mit ihm reise so ist es just so viell als wenn ich mit ihnen Reisete. deswegen habe ich ihn gar so lieb, weil er, das äusserliche ausgenommen, ganz ihnen gleicht, und ganz ihren Caractére und denckunsart hat.« (II, 252/253) Das Ziel einer solchen Reise wäre natürlich Italien, Mozart geht in seinen Phantasien so weit, daß er sich eine Begegnung der beiden Familien auf dem Reiseweg nach Süden in Salzburg erträumt, er stellt sich diese *Spiegelung* bis in die Details vor, ja er vergleicht sogar in ganz kindlichem Eifer die einzelnen Familienmitglieder miteinander: »wenn das geschieht, so werden wir, M:r Weber, seine 2 töchter und ich die Ehre haben meinen lieben Papa und meine liebe schwester im durchreisen auf 14 täge zu besuchen. meine schwester wird an der Mad:selle Weber eine freündin und Cameradin finden, denn sie steht hier im Ruf, wie meine schwester in Salzburg wegen ihrer guten aufführung, der vatter wie meiner, und die ganze familie wie die Mozartische.« (II, 253)

Das Projekt der Ersatzfamilie und der Spiegelung, das Mozart von nun an immer wieder in den Sinn kommen und an dem er weiter arbeiten wird, hat zum Zeitpunkt der Reise nach Paris noch keine Chancen, realisiert zu werden. Noch ist nämlich die Macht des Vaters zu stark, und noch kapituliert Mozart vor seinen Sätzen, die ihm messerscharf das Verstiegene seiner Planungen vor Augen führen, indem sie die Weberische Familie wieder in »fremde Leute« verwandeln und diesen Fremdlingen den Intimraum der alten Eltern und der lieben Schwester entgegenhalten: »Dein Vorschlag : ich kann kaum schreiben, wenn ich nur daran denke : der Vorschlag mit dem H: Weber und NB 2 Töchtern herumzureisen hätte mich beynahe um meinen Vernunft gebracht. Liebster Sohn! wie kannst du dich doch von so einem abscheulichen dir zugebrachten Gedanken auch nur auf eine Stunde einnehmen lassen. dein Brief ist nicht anders als wie ein Roman geschrieben. – – und du könntest dich wirklich entschliessen mit fremden Leuten in der Welt herumzuziehen? – deinen Ruhm – deine alten Eltern, deine liebe Schwester auf die Seite zu setzen?« (II, 276)

Untergründig aber hat der »Roman«, die Ablösung Mozarts von Salzburg und seiner Familie, während der Paris-Reise bereits begonnen, die Ersatzfamilie Weber ist für diese Ablösung der ferne Fixpunkt. Immer wieder wird Mozart ihn von nun an ins Auge fassen, und wenige Jahre später wird er eine passende Gelegenheit sofort nutzen, um vom Lager der eigenen Familie hinüberzuwechseln in das der Weberischen, die ihm zwar nicht die geliebte Aloysia, wohl aber ihre jüngere Schwester Constanze als Frau anbieten werden. 1778 jedoch treiben ihn das Diktat und die Weitsicht des Vaters noch nach Paris, wo er den Tod seiner Mutter und damit die bisher dunkelsten Stunden seines Lebens erleben wird. Gescheitert und hilflos wird er von dort mit unendlicher Verzögerung noch einmal für kurze Zeit nach Salzburg zurückkehren und sich äußerlich noch einmal in die längst überholten Salzburger Strukturen fügen. Inwendig aber ist er nach dieser erfolglosen und langen Reise ein anderer, der – aus Verbundenheit mit dem nun verwitweten Vater und mit der den Haushalt allein übernehmenden Schwester – den entscheidenden Schritt in die Freiheit noch nicht riskiert. Matt und geschlagen lotet er in seinen letzten Briefen am Ende der Reise gegenüber dem Vater das wenige aus, das ihm geblieben ist, ein »Etwas« möchte er sein, nur noch ein Etwas: »betrachten Sie es selbst – setzen sie sich in meine Person; – zu Salzburg weis ich nicht wer ich bin – ich bin alles – und bisweilen auch gar nichts – ich verlange mir aber nicht *gar so viel* – und auch nicht *gar so wenig* – sondern nur etwas – wenn ich nur etwas bin ...« (II, 496)

Aus dem großen Briefwechsel, der sich zwischen den Familienmitgliedern während dieser Reise entspinnt, erfährt man bis ins einzelne, welche geheimen psychischen Bindungen diese Familie so lange und auf so intensive Weise zusammenhielten, denn genau in dem Maße, in dem sich die Konfrontationen verschärfen, ergeben sich Rückblicke auf die Vergangenheit und entstehen jene gegenseitigen Charakterskizzen, die uns so viel über die familiären Abhängigkeiten und die Atmosphären des alten Salzburger Familienkosmos verraten. Auf dem Höhepunkt der Auseinandersetzungen sagen Vater und Sohn sich die ganze Wahrheit, der Vater schneidet in diesem Streit keineswegs schlecht ab, im Gegenteil, gerade auf dem Höhepunkt des Disputs sind seine Briefe von einer großen Offenheit und Klarheit, er zeigt sich darin als ein genauer Beobachter und Psychologe und an keiner Stelle als der Tyrann, zu dem man ihn oft gerne machen will.

Über fünfhundert Seiten umfaßt dieser Briefwechsel, ich habe ihn mit immer größerer Beklemmung gelesen, denn von Seite zu Seite nähert man sich mit diesen unruhigen und aufgebrachten Schreiberinnen und Schreibern immer mehr der traurigen und bitteren Wahrheit, daß alle Bemühungen dieser Jahre, Mozarts Arbeit auf eine sichere Basis zu stellen, vorerst umsonst gewesen sind.

Die geradezu unvorstellbare Rückkehr des Sohnes ohne die Mutter nach Salzburg, wo der Vater ihm eine Anstellung als Hof- und Dom-Organist verschafft hat …, die Stimmung von Trauer und Ermüdung, die in Nannerls Tagebuchnotizen der darauf folgenden Monate unverkennbar ist: »Den 26t in der 7 uhr Meß: hernach din duch geputzt; nachmittags catherl, bauer cavarelli bey uns …« (II, 541)

27. Juli 2005. Klaviersonate C-Dur (KV 309). Während der Paris-Reise entstehen nicht so viele und vor allem nicht so groß angelegte Kompositionen wie auf den früheren Reisen, dafür aber gibt es Werke, die im Verlauf der Reise eine besonders herausgehobene Rolle spielen und im nachhinein wie markante Zeichen ihrer einzelnen Stationen erscheinen. Dazu gehört die *Klaviersonate in C-Dur* (*KV 309*), die Mozart 1777 in Mannheim für Rosa Cannabich, die Tochter des Mannheimer Konzertmeisters, komponiert hat. In den Briefen an den Vater ist von dieser Sonate immer wieder die Rede, Mozart betont, daß er die Komposition eines Satzes wie ein Porträt der Beschenkten aufgefaßt habe, das Werk bedeutet ihm viel, weil es eine enge Verbundenheit zum Mannheimer Freundeskreis herstellen und beweisen soll. In den ersten Monaten der Reise geschrieben, ist diese Sonate daher so etwas wie ein Zeichen des *Entgegenkommens*, Mozart nimmt sich der Personen und Freunde seiner neuen Umgebungen an und schreibt ihnen einige seiner Stücke gleichsam auf den Leib, auf diese Weise versucht er, Intimität herzustellen, die Sprache der Musik soll ihn an die neue Gesellschaft binden, und indem diese Gesellschaft seine Stücke spielt, soll sie zum Resonanzkörper seines eigenen Fühlens und Denkens werden.

Die seltsame Mischung von einfachen, gesanglichen Momenten und einem beinahe konzertanten Gestus im ersten Satz, dieses Schwanken zwischen dem verhaltenen und dem großen Auftritt, beide Momente sollen hinein in diesen Satz: Schlichte Augenblicke, gerahmt vom virtuosen Spiel. Um so mehr verblüfft dann der stille, mit winzigen ornamentalen Stickereien arbeitende zweite Satz, wahrhaftig im Stil eines »Porträts«, als habe

Mozart die spielende, junge Frau vor Augen gehabt, ihre Würde, ihre Feinfühligkeit. Der dritte Satz als typischer Schlußsatz, in leichter Anlehnung an den eröffnenden, jedoch noch stärker eine »Mixtur« aus vielen sehr heterogenen Elementen, auftrumpfenden Fanfaren, kurzen dramatischen Momenten und einer alles aneinanderbindenden, mehrfach wiederkehrenden schlichten Melodie, an die in den letzten Takten auf wunderbar verlangsamte und stille Weise noch einmal erinnert wird: Ein Ausklingen, dem man als Zuhörer nachhorcht, eine Rückwendung, beinahe wie aus Verlegenheit darüber, daß man sich zuvor so viel Virtuosentum hingegeben habe …

28. Juli 2005. Klaviersonate A-Moll (KV 310). Diese 1778 in Paris komponierte Sonate hat man oft mit der Krankheit und dem Tod der Mutter in der französischen Hauptstadt in Verbindung gebracht. Daher, glaubte man, rühre der heftige und aufrührerische Gestus im ersten und dritten Satz, sie seien als Klage, Aufschrei und als eine Art »innerer Aufruhr« zu lesen. Vielleicht ist aber gerade der zweite Satz, zwischen diese wilden, sich aufbäumenden Sätze beinahe wie eine andere Welt hineingestellt, ein besonders intensives Zeugnis des Pariser Aufenthalts: Einfacher, noch mehr in sich hinein horchend, hat Mozart noch keinen anderen langsamen Satz komponiert, manchmal hat man sogar das Gefühl, die Musik bleibe stehen und suche keinen neuen Verlauf, breite sich höchstens noch ein wenig aus, so sehr ist sie um eine Stille und einen Stillstand herumkomponiert.

Das unleugbar *Fremde* dieser Moll-Sonate: Die marschartigen, trotzigen, hartnäckig fortgetrommelten Rhythmen des ersten Satzes, das innere Vergehen des zweiten mit seinem kurzen, sehr dunklen dramatischen Aufbäumen, das Furienhaft-Unheimliche und Flüsternde des dritten ...

29. Juli 2005. (*Arien KV 294/KV 316)* Den ganzen Tag über lastende Sommerschwüle, die auch in der Nacht kaum nachläßt. Kurz vor Mitternacht ziehe ich mich ins Musikzimmer zurück, lösche das Licht und warte auf die Erscheinung Aloysia Webers, der von Mozart umworbenen Liebes-Gestalt der Paris-Reise. Die Annäherung an sie gestalten zwei große Gesang-Szenen, die er mehr noch als sonst genau auf eine Sängerin abstimmte, die erste (*Alcandro, lo confesso – Non sò, d'onde viene)* entsteht nach den ersten Begegnungen 1778 in Mannheim, die zweite (*Popoli di Tessaglia – Io non chiedo, eterni Dei)* nach der Rückkehr von Paris, als er sich Hoffnungen macht, sie ganz für sich gewinnen zu können.

Non sò, d'onde viene ... spricht von der Entstehung der Liebes-Empfindung, die Arie umkreist die Leidenschaft, läßt sie aber nicht aufflammen, sondern behandelt sie behutsam und vorsichtig, ganz wie der Text es verlangt, der von der Rührung berichtet, die durch die Liebe entsteht. Genau diesem Gerührtsein, genau dieser inneren Irritation geht die Arie nach, sie verlagert alle Empfindung nicht in den Ausdruck der Liebe oder in irgendeine Gewißheit, sondern in das Sezieren eines sich anbahnenden, noch nicht austarierten Gefühls.

Non sò, d'onde viene ... – ich höre die Arie zweimal: Wie gut kann man Mozart verstehen, wenn man dieser Arie Ton für Ton lauscht, wie entwaffnend deutlich spricht sie davon, was mit ihm geschehen ist! (Eine solch große Konzert-Arie schreiben, meint schließlich auch: Sich mit Hilfe der Musik des Körpers der Sängerin zu nähern, den Körper von der Musik durchströmen zu lassen, die Stimme zu verstehen als feine Nadel, deren Bewegungen sich dem eigenen Herzen einschreiben ...)

Popoli di Tessaglia – Io non chiedo, eterni Dei ... dagegen ist ein einziges großes Rätsel. Mozart hat diese Arie wohl noch in Paris komponiert, inhaltlich geht es in ihr um eine höchst dramatische Szene, nämlich um die Trauer der Alceste nach dem Tod ihres Mannes, Alceste versucht, diese Trauer zu fassen und sich in ihr nicht zu verlieren, in ihrer Verzweiflung sucht sie die Nähe der Götter, ihre Stimme dringt immer höher vor in dieses entfernte Reich, als komme von dort oben Linderung der Schmerzen oder Erlösung. Von den Themen her nähert sich diese Arie also der biographischen Situation Mozarts nach dem Tod der Mutter in Paris, sie handelt von der Gefaßtheit eines unruhigen, tief erschütterten Menschen. Daß Mozart diese Gefaßtheit und genau diese Themen mit Aloysia Weber in Verbindung bringt, macht das Ganze so rätselhaft, beinahe nämlich könnte man vermuten, als solle die Gestalt der Geliebten genau jene Rolle einnehmen, die in der Arie den Göttern vorbehalten wird. Der Schmerz, die Trauer – sie suchen ein fernes Objekt und finden es in Paris in der Gestalt der verehrten Sängerin, deren Dasein der verunsicherte

Mozart mit seiner eigenen biographischen Situation verbindet (*Io non chiedo* ... – ist das nicht der Versuch einer *Überbrückung*, eines Brückenschlags von den trostlosen Pariser Wochen hinüber und zurück nach Mannheim und München, wo die Familie Weber inzwischen wohnt und wo Aloysia inzwischen ein gutbezahltes Engagement erhalten hat?)

Die beiden großen Arien in der Stille der Nacht, hoch oben über dem Stuttgarter Talkessel ..., es ist, als versuchte ich, eine Gestalt zu beschwören, sie zusammen zusetzen aus diesen sich windenden, sich entäußernden und bis zur absoluten Hingabe an den einzelnen Ton gesteigerten Empfindungen. (Zwei starke Szenen als *Klammer* der Reise: Die *Initiation* der Liebe und der (scheiternde) Versuch, mit ihrer Hilfe einen großen Verlust zu überwinden ...)

31. Juli 2005. Westerwald (*Sonaten für Orgel und Orchester KV 328/329*). Am frühen Morgen bin ich hierher, zu meinem Elternhaus und in die Heimat meiner Eltern, gefahren, mitten in dem Waldstück rings um das Haus steht eine kleine Holzhütte, deren Bau noch in ihre Lebenszeit fällt. In dieser Hütte kann man Musik in jeder Lautstärke hören, sie wurde gebaut und eingerichtet nur für das Musikhören, deshalb haben drei Wände nicht einmal ein Fenster, sondern sind vollgestellt mit Regalen, mit Noten, Büchern und den alten Schallplatten von früher. Nur in der vorderen Wand gibt es eine winzige Fensterluke und gleich daneben die Tür, die Luke ähnelt den schmalen Sehschlitzen, die es auch in den Vorderwänden von Hochsitzen gibt, mein

Vater wollte das so, eine Zeitlang ging er im Westerwald auf die Jagd und setzte sich alle paar Morgende in der Frühe auf einen solchen Hochsitz, dort hat er das Stillsitzen und Lauschen schätzen gelernt. In Gestalt der Hütte, in einem Versteck zwischen einigen Buchengruppen, entwarf mein Vater dann seinen eigenen Einsamkeitssitz, in den er sich zurück zog, wenn er Musik hören wollte. *Nichts sehen, nur hören* – in der *Kammer der Klänge!* Am liebsten hörte er alte Musik, unzählige Aufnahmen der *Archiv Produktion* der *Deutschen Grammophon Gesellschaft* stehen deshalb noch immer in ihren hellgrauen, vornehmen Plattenhüllen mit all ihren barocken Schnörkeln in den Regalen, es handelt sich um musikhistorische Aufnahmen, die in den fünfziger und sechziger Jahren von der raren Truppe der *Freunde der alten Musik* gesammelt wurden, *X. Forschungsbereich, Serie B: Orgelkonzerte* ..., das steht zum Beispiel auf einer Aufnahme von vier Händelschen Orgelkonzerten, und ein richtiger Freund der alten Musik arbeitete sich dann eben durch alle Forschungsbereiche und Serien und sammelte die hellgrauen Platten oder lieh sich von anderen Freunden der alten Musik welche aus. Bei den echten Freunden der alten Musik hörte die Freude an der Musik zu einem bestimmten historischen Zeitpunkt auf, die meisten erwarteten zum Beispiel von der Musik nach Bach nicht mehr viel, mein Vater war insofern eine Ausnahme, als in seinem Fall die Musikgeschichte immerhin bis zu Mozart reichte, er übertrieb die Strenge also nicht, hörte in der Hütte aber auch nur alte und älteste Musik, der Klang der heutigen, großen Orchester war ihm zu massiv, zu gewaltig und vor allem zu unübersichtlich, hinter diesem massiven Klang versteckten sich, wie er meinte, nur Schlampereien, außerdem waren solche Klänge angeblich nicht für das menschliche Ohr geeignet, das im Grunde nur einer kleinen, übersichtlichen Anlage von Melodien- und Klangverläufen folgen könne. (An dieser *Idee von Musik* hielt mein Vater ein Leben lang fest, Musik mußte klar, überschaubar und damit von reinigender, klärender, aufhellender Wirkung sein, deshalb zog er sich in seine Hütte zurück, wann immer ihn irgend etwas bedrängte oder bedrückte, selbst bei einfachen Kopfschmerzen half es, eine halbe oder dreiviertel Stunde bei Musik von, sagen wir, Jacob Hinrich Biber (1513–1569) zu verbringen, schon ging es dem Kopf, sämtlichen Nerven und damit dem ganzen Menschen eindeutig und nachprüfbar besser ...)

In der kleinen Westerwälder Holzhütte habe ich als Kind unzählige Male Musik gehört. Wenn ich hineinging, roch ich sofort den Duft des väterlichen Pfeifentabaks, der sich nicht nach draußen verziehen wollte, und wenn ich mich auf die schmale, bequeme Liege legte, schien sich der langsam ermüdende Körper allmählich von mir zu trennen und immer mehr in den Fernen der Klangwelten zu verschwinden. Eine helle, wache Stelle in meinem Kopf hörte noch zu, aber schließlich kapitulierte auch sie, und der ganze Körper lag da wie in Trance, halb schlafend, halb wachend, in einem Zwischenreich, in dem die Musik eine beinahe *hypnotische* Wirkung entfaltete. Wenn die Trägheit nachließ, glaubte ich, leicht wieder aufstehen zu können, aber dem war nicht so, ich konnte nicht aufstehen, ich lag da wie gelähmt und mußte abwarten, bis die hellen, aufmunternden Signale im Kopf wieder einen regelrechten Befehl zum Aufstehen erteilten. Das aber geschah meist nur, wenn ein längeres Musikstück zu Ende war, der kalte Duft des Pfeifentabaks machte sich plötzlich wieder bemerkbar, die Traumbilder erstarben, ich hatte noch einmal zurückgefunden ins Freie.

Was, frage ich mich heute, geschieht mit einem in solchen Stunden? Wie steuert und beeinflußt die Musik in diesen Trance-Phasen das Hören? Gibt es ein *Hören des Unbewußten*? (Ich erinnere mich daran, daß ich einmal nach einer Operation aus der Narkose erwachte, aus weiter Ferne hörte ich Mozarts Musik, die der operierende Arzt während der Operation hatte laufen lassen, ich hörte die Klänge noch schwach, doch ich murmelte, wie man mir später sagte, wohl noch im Narkoseschlaf die Titel der Stücke so lange vor mich hin, bis mir eine fremde Stimme antwortete und mir bestätigte, daß meine Nennungen stimmten, danach schlief ich sofort wieder ein …)

Die Westerwälder Hütte ist ein idealer Raum, um Musik zu hören. Neben den hypnotischen Erfahrungen entstehen Erlebnisse einer starken Konzentration, der ganze Raum dient in seiner Schlichtheit ausschließlich dem Hören, als Hörer hat man keine Chance, sich abzulenken oder der Musik zu entfliehen, verläßt man die Hütte, glaubt man, das Gehörte noch eine Weile mit sich herumzutragen, man behält es im Ohr, während man einen Spaziergang macht, man trägt es lange mit sich durch die Landschaft, über die kahlen, strengen Höhengelände des Westerwaldes, die ich als Kind als starke

Tonträger wahrgenommen habe (Das Brausen des Windes: eine Ton-Ekstase bis hinauf zum hohen G …, das Summen der Telefondrähte: eine Altstimme, die nach meinem Empfinden nichts anderes intonierte als ein weiches E-Moll …, die Bewegung und die gegenseitige Reibung der trockenen Maisstangen im Sommer: ein nachhallendes H, unangenehm scharf …).

Im Januar 1779 kommt Mozart zu Vater und Schwester nach Salzburg zurück und tritt noch in demselben Monat die Stelle des Salzburger Hof- und Dom-Organisten an. Zu seinen Aufgaben gehört auch die Komposition von kurzen Stücken (sogenannten *Sonaten*) für Orchester und Orgel, die an Festtagen wie Ostern in der Meßfeier zwischen den beiden Lesungen gespielt werden. Die ersten Stücke, die ich in der alten Holzhütte höre, sind zwei solcher *Sonaten* (*KV 328/329*), die er wenige Zeit nach seiner Rückkehr komponiert hat. (Das bescheidene Auftreten der Streicher, dem sich die Orgel mit noch größerer Bescheidenheit anpaßt, beide *Sonaten* erscheinen mir geradezu wie *Mikrozellen* des Dienstes.)

Die *Illusionen des Hörens*: Daß die Orgel manchmal hinter dem Ensemble der übrigen Instrumente wie hinter einer Wand hervorschaut, daß sie sich kurz blicken läßt und gleich wieder verschwindet und daß solche Stellen mir wie ein knappes *Signieren* erscheinen: *Hier bin ich*, gerade noch …

Während ich so daliege und mit geschlossenen Augen diese Musik in mich hineinziehe, glaube ich manchmal, noch immer den Pfeifentabak-Duft meines Vaters zu riechen, vielleicht ist das auch der Grund, warum ich jedes Mal beim Verlassen der Hütte das kleine Fenster einen Spalt öffne. Nach dem Hinausgehen ist es mir darüber hinaus meist unmöglich, gleich ins Wohnhaus zurückzugehen, ich habe vielmehr das Gefühl, ich müßte während des Rundgangs bei der Musik bleiben, bis der Körper sich Schritt für Schritt wieder von ihr lösen kann (All die verschiedenen, vielen *Rundgänge* um dieses elterliche Gelände: Losgehen, sich zurück orientieren, heimkommen ..., und das alles seit Ewigkeiten ...).

Beim Losgehen ein letzter Blick zurück zur Hütte, mit einem innerlichen Kopfschütteln: Nicht zu fassen, wie sich in diesem kleinen Raum Musik hören läßt, nicht zu fassen, was ich dort alles *höre* und *sehe*: als entwerfe der musikalische Verlauf eines Stückes zugleich auch präzise *Geschichten* und *Bilder*!

01.-08. August 2005 (*Nannerls Tagebuchnotizen des Jahres 1779/Konzert für zwei Klaviere in Es-Dur, KV 365/Sonate für Klavier und Violine in B-Dur, KV 378*). Seit Mozarts Rückkehr nach Salzburg im Januar 1779 verrinnt nun die Zeit, die Salzburger Ära geht unweigerlich ihrem Ende entgegen. Noch einmal hat Mozart sich auf einen Kompromiß eingelassen, und noch ein letztes Mal versucht er, die alten familiären Bande zu erneuern, indem er an Kompositionen arbeitet, die Nannerl, seine Klavier spielende Schwester, einbeziehen oder sogar besonders zur Geltung bringen. So musizieren die beiden Solo-Instrumente in dem *Konzert für zwei Klaviere in Es-Dur* (*KV 365*) nicht gegen-, sondern miteinander, die beiden Rollen sind gleich stark besetzt, ja die Klavierparts passen auf so beinahe modellhafte Weise zusammen, als habe Mozart nicht für zwei Klaviere, sondern nur für ein Klavier und vier Hände geschrieben. Daneben entsteht, ebenfalls abgestimmt auf das Spiel der Schwester, eine *Sonate für Klavier und Violine* (*KV 378*), bei deren Aufführung er wahrscheinlich selbst die Violine gespielt hat. Die *Verschmelzung* zweier Klaviere, die *Feinabstimmung* von Klavier und Violine – Mozart greift noch einmal weit zurück zu den Instrumenten seiner frühsten Jahre, als das Musizieren ein intimes, familiäres Kammerspiel nur auf dem Klavier oder auf dem Klavier mit Begleitung der Violine war. Wie es in Wahrheit aber um die Zeit bestellt ist, offenbaren die Tagebuchnotizen, die Nannerl 1779 führt. Beinahe jeden Morgen nimmt sie an einer Meßfeier teil, dann folgen Besuche und Spaziergänge, man besucht und wird besucht, man macht sich auf den Weg und beobachtet das Wetter: »den 1ten in der kirche hernach beym frl:, und fr v: mayer: nachmittag mit der catherl bey der gräfin wicka auf dem wahl: mit der catherl auf einen augenblick in steiger.garten, um 6 uhr wir alle, Papa wolfgang catherl ich, nach Haus gegangen, hernach wieder mit dem pimpes spatziern.« (II, 545) Die gleichförmige Kette der Aufzeichnungen berichtet von beinahe ereignislosen Tagen, an denen alle Beteiligten stoisch und duldsam ein kleines Tagespensum erledigen. Aufgeschrieben wird das alles denn auch nicht, um Tag für Tag eine besondere Auffälligkeit oder etwas irgend Interessantes festzuhalten, sondern gerade umgekehrt, um das ruhige Gleichmaß der Tage zu dokumentieren. Ein Tag vergeht wie der andere, gerade diese Ereignislosigkeit erscheint jedoch nach den psychischen Strapazen der letzten Jahre wie ein Gewinn (»wir alle, Papa wolfgang catherl ich …« – setzt Nannerl nicht in solchen Reihungen die alte Vierer-Konstellation der Familie erneut zusammen, indem sie die Rolle der Mutter mit der guten Freundin der Familie, Maria Anna Katharina Gilowsky, genannt »Katherl«, besetzt?).

Die beinahe unheimliche *Ruhe* all dieser Tage (die sich bis zum November 1780 hinziehen), als duckten sich die Karten spielenden Protagonisten unter einem ewig veränderlichen, grummelnden, drohenden, regnenden Himmel (Mozart notiert selbst: »Tarock gespiellt. Vormittag schön Wetter. Nachmittag geregnet« (II, 554), oder, im alten, aber jetzt nur verhalten eingesetzten Ton seiner schreibtollen Briefe: »um 10 uhr hat es geregnet, mit angenehmen gestank; – geruch; – die wolcken verloren sich, der mond liess sich sehen, und ein furz liess sich hören, gab hofnung zum schönen wetter, auf den morgigen tag für den uns allen so bang – ist« (II, 544)).

09./10. August 2005. Diese intensive Vertiefung in die Salzburger Geschichten, dieses Lesen der Notizen und Briefe – ich muß mich für eine Weile davon losmachen, denn auf die Dauer hinterlassen die Lektüren das Gefühl einer Lähmung. Warum sitze ich aber auch an Sommertagen in dunklen Zimmern und Hütten herum und lese? Weil es regnet, weil es ununterbrochen regnet und weil es kalt ist … Vielleicht hilft es, sich gegen den Regen zu stemmen und den Sommer zu locken, am besten ist, ich fahre mit dem Wagen über den nächsten Hügel und weiter hinab zum Waldschwimmbad ins Tal, am besten ist, ich schwimme mindestens dreißig bis vierzig Minuten auch bei stärkstem Regen in dem sicherlich menschenleeren, relativ großen und, wie der Name sagt, von Wäldern gesäumtem Gewässer, am besten, ich wässere mich kräftig durch und nähre die Illusion eines sonnigen Sommers, *es ist Sommer!* schreie ich schwimmend am frühen Abend wahrhaftig, nachdem ich mich ins Wasser gestürzt habe …, um später, wieder nach Hause zurück gekehrt, zum Aufwärmen etwas so absolut Sonnen-Zugewandtes zu hören wie das *Klavierkonzert in F-Dur* (*KV 413*) oder, besser noch, das *Klavierkonzert in A-Dur* (*KV 414*), oder, am besten, den dritten Satz des *Klavierkonzerts in B-Dur* (*KV 450*), ja, genau den, genau diese Fahrt durch eine helle Sommerlandschaft mit all ihren goldenen oder tiefgelben Feldern …

11. August 2005. Bonn (*Beethoven-Haus/Oboenquartett in F-Dur, KV 370/Klarinettenquintett in A-Dur, KV 581*). Da Ereignislosigkeit ein Graus ist, brechen wir heute in kleiner, aber froher Runde nach Bonn auf, um das dortige Beethoven-Haus zu besuchen, wir reisen zunächst zu viert, einer von uns bläst die Oboe, und die anderen drei spielen die Violine, die Viola und das Cello. Gleich nach der Öffnung gegen 10 Uhr am Morgen betreten wir das Haus des großen Mozart-Adepten, nachdem wir uns zuvor in dem noch stillen, gepflasterten Innenhof aufgehalten und einen Blick auf das gelbe Haus mit seinen hellgrauen Sprossenfenstern und den dunkelgrünen Läden, über die sich jetzt rheinisches Weinlaub rankt, geworfen und zur Feier der Ankunft den ersten Satz von Mozarts *Oboenquartett in F-Dur* gespielt haben.

Im Raum 1 des Hauses neben der ehemaligen Küche stehen wir vor einer Zeittafel mit wichtigen Daten und spielen den zweiten Satz, dann steigen wir an einem schmiedeeisernen Handlauf entlang eine schmale Treppe hinauf in den ersten Stock zu all den kleinen Zimmern, in denen die Bohlen so ordentlich knarren, daß unsere frohe Musik sich sehr gut dazu fügt. Wir lesen, daß Beethovens Vater im Jahre 1778 versucht hat, seinen damals achtjährigen Sohn in einem Konzert ganz wie einen frühen Mozart als sechsjähriges Wunderkind zu präsentieren, natürlich mußte so etwas mißlingen, Mozart ist nicht zu kopieren, die Folgen des Mißgriffs waren erheblich, denn Beethoven brachte schon bald seine private Zeitrechnung nicht mehr zusammen und wußte bis zu seinem Lebensende nicht mehr genau, wie alt er in Wirklichkeit war. Der frühe Kindheits-Schock machte ihm im weiteren Leben auch deshalb besonders zu schaffen, weil laufend von ihm verlangt wurde, wie Mozart zu sein. Doch er war eben nicht Mozart, sondern ein früher Beethoven, was sich jedoch erst langsam herumsprach, lange Jahre spielte er einfach nur eine Dienstbratsche im kurfürstlichen Orchester und wohl auch ein wenig die Orgel, aber es konnte ja nicht die Rede davon sein, daß er jemals so gespielt hätte wie der junge Mozart, daher liefen bei seinem Spiel auch keine Menschenmassen zusammen, höchstens ein paar Fledermäuse scheuchte er mit seinem Orgelspiel auf, und selbst als er zweiundzwanzig Jahre alt war, brauchte er noch Kompositionsunterricht und reiste nach Wien, um bei Joseph Haydn zumindest die Anfangsgründe der Kompositionskunst zu erlernen. Auf den Bildern und Bleistiftskizzen im obersten und zweiten Stock des

Beethoven-Hauses wirkt er daher auch mißmutig und schroff, immerzu blickt er drohend und abgründig gen Himmel, als könne er von dort Beistand erbitten, während er bei seinen einsamen Spaziergängen die Hände hinter dem Rücken zusammenlegt und dann, ohne nach rechts und links zu schauen, immerzu geradeaus stapft. Um ihn zumindest ein wenig zu beruhigen und aufzumuntern, haben wir ihm den dritten und vierten Satz von Mozarts *Oboenquartett in F-Dur* eher vorgesungen als vorgespielt, das ganze Beethoven-Häusl haben wir mit unseren lebensfrohen Klängen gefüllt und sind dann wieder alle Stufen und Treppen hinab in den Innenhof gezogen, ohne einen letzten Blick auf sein letztes Schriftstück, das letzte Aquarell und die letzte Totenmaske zu werfen. Im Innenhof unten aber haben wir die Instrumente getauscht, unser Oboist hat zur Violine gegriffen, und ein Klarinettist kam noch hinzu, und so sind wir zu fünft an den nahen Rhein gezogen, um uns etwas rheinaufwärts zu dem am Ufer des Flusses gelegenen *Schaumburger Hof* fahren zu lassen, wo wir unter den berüchtigten Lindenbäumen dieses auch von Beethoven noch frequentierten Gasthofs zur späten Abendstunde Mozarts *Klarinettenquintett in A-Dur* aufführten, jenes Quintett also mit dem zu Tränen rührenden zweiten Satz, *Larghetto*, den unser Klarinettist mit soviel Expression und Empfindung zu Gehör brachte, daß es selbst den stets verzweifelten Beethoven gerührt und für etwas über sechs Minuten von seinen lebenslangen Mozart-Phobien befreit hätte …

13. August 2005. Studium (Veränderungen in der Ferne / Zaide, KV 344 / Posthorn Serenade D-Dur, KV 320 / Sinfonia concertante in Es-Dur, KV 364). Während in Salzburg weiter die Zeit verrinnt, ergeben sich in Mozarts näherer und weiterer Umgebung, im Terrain seines *Romans*, bedeutende Veränderungen. So ziehen die Weberischen im September 1779 von München nach Wien, wo Aloysia ein Engagement an der Oper erhält. Nur wenige Wochen nach dem Umzug stirbt jedoch Fridolin Weber, so daß die Mutter jetzt allein für mehrere noch unverheiratete Töchter zu sorgen hat. Etwa ein Jahr später, im Oktober 1780, heiratet Aloysia Weber den Hofschauspieler Joseph Lange.

In den Kompositionen dieser letzten Salzburger Monate blickt Mozart bereits weit über den Radius seiner Geburtsstadt hinaus. So komponiert er an einem (Fragment gebliebenen) Singspiel (*Zaide*), das entweder für eine in Salzburg gastierende Schauspieltruppe oder bereits für Wien gedacht war, wo das deutsche Singspiel damals von seiten des Hofes besonders gefördert wurde. Auch die Komposition einer der zahlreichen für gelegentliche Aufführungen in Salzburg geschriebenen Serenaden (*Posthorn Serenade*) läßt ähnliche Stücke der Vergangenheit mit ihren sieben Sätzen und dem großen orchestralen Ensemble von Streichern und Bläsern weit hinter sich (während man beim Hören des *Andantinos* nichts anderes wahrzunehmen glaubt als ein *Seelenprotokoll* dieser Monate: gedämpfte Sehnsucht, noch ziellos, hin und her schweifend, sich in dieser Unbestimmtheit verbrauchend, mit Spuren von kurzen Ausblicken in die Ferne, die aber immer wieder zurückgenommen werden ...).

Eines der Hauptwerke dieser Zeit aber ist die *Sinfonia concertante Es-Dur*, ein Doppelkonzert für Violine, Viola und Orchester, das den besonders intensiven, dunklen, sich jedwedem Schmelz hingebenden Bratschenton zum geheimen Zentrum macht: Eine dreisätzige große Komposition, die insgeheim nur auf gerade dieses Sehnsuchts-Instrument lauscht und seinen warmen, sich sofort einprägenden Klang rahmt, ihm nachspürt und nicht zuletzt dafür sorgt, daß er sich ausdehnen, daß er zerfließen und die Stille mit unglaublichem Nachdruck besetzen *und* erhalten kann (im *Andante* bietet das Orchester in wenigen eröffnenden Takten die Atmosphäre an, worauf die Violine solistisch übernimmt: Wenn sie von der Bratsche abgelöst wird, glaubt man das Stück in sein Zentrum versetzt, das beide Instrumente dann, schwärmerisch noch in den kleinsten Regungen aufeinander eingehend, umkreisen und ausloten).

Seit September 1780 ist die Schauspieltruppe Emanuel Schikaneders während der Wintermonate zu Gast auf dem Salzburger Theater, beim Kegeln schließt Mozart Freundschaft mit Schikaneder, der ihm freien Eintritt zu allen Aufführungen gewährt. (Wieder tut sich ein neuer *Freundschafts-Kreis* auf, es handelt sich um einen jener *Kreise und Zirkel*, die Mozart in unmittelbarer Nähe um sich und direkt vor Augen haben muß, um überhaupt komponieren zu können …)

Man muß all diese Szenen zusammenlesen, man muß sie sich vor Augen führen, und man muß diesem Film die Klänge der *Sinfonia concertante* unterlegen, dann *sieht* und *hört* man: Einen Hof- und Dom-Organisten, der voller Selbstbewußtsein große orchestrale Werke mit einem gewissen sehnsüchtigen Blick in die Ferne komponiert …, einen 24-jährigen, immer unruhiger werdenden, freiheitsbesessenen Komponisten, der Kontakte nach München und Wien aufbaut und nur auf die nächstbeste Möglichkeit wartet, sich endgültig von Salzburg zu verabschieden.

Die Gelegenheit ergibt sich, als Mozart einen Opernauftrag (*Idomeneo*) für das Münchener Opernhaus erhält, am 5. November 1780 reist er von Salzburg ab, um die Oper in München fertigzustellen und mit den Sängerinnen und Sängern einzustudieren. Zum ersten Mal in seinem Leben reist er allein, womit der *Roman* von neuem und heftiger als jemals zuvor wieder beginnt (Wie genau sind die Veränderungen in seiner Biographie am Beispiel der Reisen zu studieren: Anfänglich die Reisen mit der gesamten Familie, dann die Reisen mit dem Vater, dann die mit der Mutter, schließlich allein …).

18.-21. August 2005. Köln (Geistliche Werke). Da Ereignislosigkeit uns weiter ein Graus bleibt, haben wir uns in diesen Tagen auf den Weg nach Köln gemacht, um dort den Heiligen Vater zu begrüßen. Bei jetzt bestem Sommerwetter sind wir mit der Bahn in Köln eingetroffen und haben dort mitten im Zentrum des Geschehens, im *Dom-Hotel* am Roncalli-Platz, ein bequemes, großes Zimmer bezogen. Am Tag der Ankunft des Heiligen Vaters läuteten schon vor Sonnenaufgang die ersten Dom-Glocken, und wenig später hörten wir die Gesänge der vielen Pilger, die vom Rheinufer aus hinaufstiegen zum Dom-Hügel, der in den letzten Jahrzehnten nichts anderes gewesen war als eine häßliche Beton-Platte, jetzt aber von den Pilgerzügen bis ins hinterste Eck gefüllt wurde, so daß er uns plötzlich wie ein bunter, sich in seinen unterschiedlichen Farben immer wieder neu zusammensetzender Teppich erschien. In den folgenden Tagen mischten auch wir uns unter diese herumziehenden Scharen, die den Großstadtkern Kölns Fahnen schwenkend und singend und betend durchkreisten und diesen Kern dadurch mit der Zeit zu einem einzigartigen, geschlossenen Raum des Gebets und der Andacht machten. Tag und Nacht waren daher die Kirchen geöffnet, so daß Tag und Nacht allmählich ineinander übergingen und zu einer ununterbrochenen Zeit des Gehens und Kreisens wurden, auch uns fiel es schwer, die Zeiten noch zu unterscheiden oder künstlich zu trennen. Wie die Hunderttausende so waren auch wir unterwegs und bespielten die alten romanischen Kirchen Kölns mit Mozarts geistlichen Werken (wie etwa dem *Ora pro nobis* des *Regina Coeli, KV 108,* oder dem *Laudate Dominum, KV 339,* oder dem *Agnus Dei* der *Krönungsmesse, KV 317,* oder dem *Alleluia* des *Regina coeli, KV 127*), am stärksten waren wir von alldem überwältigt, als wir in tiefer Nacht den Dom betraten und gleich erkannten, daß er von allen Sitz- und Knie-Bänken befreit war und in seiner dunklen, nur vom Kerzenschimmer erleuchteten Weite zu einem einzigen gewaltigen Pilgerraum geworden war, in dessen Chor der goldene Schrein der Heiligen Drei Könige wie ein ferner Fixpunkt aller umherirrenden Blicke zu schweben schien. Die Stadtdurchkreisungen der Pilger mündeten in diesen Chor und erinnerten so wieder daran, wo sich das mittelalterliche Zentrum der Stadt befand, es war genau jenes Zentrum, das auch der Papst in einer den Bewegungen der Pilger nachempfundenen Stationenfolge anlief: Vom Rhein her, zu Fuß den Domhügel hinauf, den mittelalterlichen Pilgerweg markierend, der den Dom mit den römischen Ursprungsplätzen der Stadt am Rhein verbindet. Das Erscheinen des Papstes gab den Pilgerscharen daher die erhofften Strukturen, es verteilte die Scharen am Rhein, es zog sie in die Länge, es ließ sie auf Plätzen und Straßen zusammenrükken, und es führte sie am Ende hinaus in die Weite des *Marienfeldes*, wo sich ihr endgültiges Zusammenfinden zwischen den Lichtern der nächtlichen Vigil dann vollzog. Wir aber zogen diesmal nicht mit hinaus auf das weite, überlaufene Feld, sondern feierten das Ende dieser schönen Tage im engen, freundschaftlichen Kreis der italienischen Gastronomie, *Kalbsnieren* wurden serviert und apulischer, roter Wein wurde getrunken, und als wir schon Abschied nehmen wollten von all diesen Szenen, erschien in dem von uns frequentierten Restaurant der große Pelé mit seinen Getreuen und erklärte uns, daß auch er wegen des Papstes und all der singenden und betenden Jugend in Köln sei, ja daß er den Papst sogar getroffen und nach einem Essen im Kreis junger Pilger gesprochen habe, da wußten wir uns nicht mehr zu beherrschen und stimmten vor lauter Freude gleich noch einmal ein *Alleluia* an, diesmal aber das von *KV 165* (*Exsultate, jubilate*), das ja das leichteste, lockerste und geradezu hingehauchteste aller Mozartschen *Alleluias* ist ...

Der wunderbare Moment, als ich schon weit nach Mitternacht in einer der hinteren Bänke von *Sankt Maria im Kapitol* saß und beim Umherblicken feststellte, daß ich für einen Moment ganz allein in dieser uralten Kirche war, so daß ich mich traute, eigens für mich das *Ora pro nobis* des *Regina coeli, KV 108*, über den mitgebrachten kleinen Lautsprecher in diesen Raum einzuspielen und ihn mit der hohen, aber zurückhaltenden, unermüdlich bittenden Sopran-Stimme bis in den Konchenchor hinein zu füllen …

Ende August/September 2005. Tief im Süden, an der italienischen Adria-Küste (*Così fan tutte, KV 588*). Für diesen Spätsommeraufenthalt im italienischen Süden in einer Stadt direkt am Meer habe ich nach langem Überlegen nur ein einziges Mozart-Werk, nämlich die 1790 in Wien uraufgeführte Oper *Così fan tutte* (*KV 588*), ausgewählt. Die Oper *Così fan tutte* spielt in Neapel, direkt am Meer, sie spielt in den Kaffeehäusern einer italienischen Hafenstadt und in ihren Gärten am Meeresstrand, sie spielt in den luftigen Zimmern in der Nähe des Meeres, durch deren weit geöffnete Fenster der Meerwind hereinweht, vor allem aber spielt sie unter jungen italienischen Frauen und Männern, unter Küstenbewohnern … – wie denen, die ich hier, in einer italienischen Hafenstadt im tiefen Süden, täglich vor Augen habe.

Die *zwei Ideen* des Hörens, hier vor Ort: 1) Die Oper vom Zeitpunkt ihrer Komposition her zu verstehen, d. h.: Sie zu hören, indem ich die *Strategien der Galanterie* beschreibe, die ihren Verlauf bestimmen. 2) Die Oper nicht ganz, sondern in kleinen Dosierungen zu hören, damit ich mich auf einzelne Szenen einlassen kann, die Oper zu *dehnen*, vom Hören her zu *verlangsamen*, beim Hören zu *springen* und mal diese, mal jene Szene zu hören, die Szenen also *für sich* stehen zu lassen und als kleine, in sich geschlossene *Auftritte* zu begreifen (so wie man die vielen Szenen hier am Strand, auf der Straße, am Hafen, in den Restaurants als *Auftritte* begreifen kann), d. h.: Mozarts Oper zu hören, indem ich sie auf diese konkrete italienische Umgebung um mich herum beziehe (wodurch ihre Szenen eine *moderne*, gegenwärtige Lesart erhielten).

Ouvertüre des Hörens: Ich sitze am frühen Abend in einem der vielen Straßencafés direkt am Strand mit Blick auf das Meer, die gestreiften Liegestühle stehen in Reih und Glied vor mir, die älteren Strandbesucher spielen Boccia, in etwa einer Stunde, kurz vor Sonnenuntergang, werden alle schlagartig ihre Sachen zusammenpacken, verschwinden und ein völlig leeres Strandterrain zurücklassen. Die Gesellschaft ist schon etwas müde, die ersten Drinks werden genommen, die Sonne steht tief über den Dächern der Stadt in meinem Rükken, ich spüre ihr glühendes Vorabendstrahlen, ich trinke einen *Campari Soda*, ich sehe die kleinen Gruppen der Strandgänger, die den Strand oft kilometerweit entlang und wieder zurückgehen, sie unterhalten sich unentwegt, ich höre ein Tellerklirren, schwache Duftaromen aus den vielen Küchen, die jetzt angeheizt werden, drängen von allen Seiten heran …:

Ouvertüre von *Così fan tutte*: Ein kurzes, festliches Entree, der Vorhang hebt sich und rauscht langsam zur Seite, einige weitere Orchesterschläge, dann aber beginnt dieses Summen, Kribbeln, beginnen diese nervösen Bewegungen in mittlerer Tonlage, immer wieder unterbrochen und zur Raison gebracht von den Tutti-Schlägen, die wie Brüche oder Schnitte durch diese kreisenden Aufbrüche gehen, dieses Hin und Her wandert durch alle Gruppen der Instrumente, es ist eine Art *Reigen*, dessen Wildheit aber immer wieder ausgebremst wird und am Ende im rettenden Hafen zur Ruhe kommt.

Genug, vorerst genug, erst später höre ich die *Ouvertüre* an diesem Abend noch einmal, und ich höre sie wiederum mit dem Blick auf die sich beruhigende und immer kristalliner werdende Fläche des Adriatischen Meeres. (Dieses Meer verträgt keine Kammermusik, keine Streichquartette, keine Violinsonaten, diesem Meer kann ich nur mit einer großen Oper begegnen, mit einer, die an ihrem Gestade spielt und damit mit einer auf das *Weite und Freie des Meeres* bezogenen Oper, nur mit *dieser* und ganz ausschließlich mit ihr kann ich dem Meer begegnen …)

Studium (*Così fan tutte, KV 588*). Die jungen Offiziere Ferrando und Guglielmo, die in der ersten Szene von *Così fan tutte* in Streit mit dem alten Philosophen Don Alfonso geraten, sind Zöglinge des galanten Zeitalters, in dem die Gefühle (und dabei vor allem das zentrale, die Empfindung der Liebe) weder Halt noch Dauer haben. All die stabilen Momente, die das bürgerliche Zeitalter ihnen später geben wird (Treue, Ehrlichkeit, Dauer), gibt es noch nicht, das galante Verhalten ist mit ihnen nicht im geringsten vertraut. So bedarf es nur eines Stichworts, um alles in Bewegung zu setzen und die alten Sicherheiten zum Einsturz zu bringen: Don Alfonso zweifelt an der Treue der Verlobten. Die jungen Offiziere nehmen das Stichwort auf, denn es gibt ihnen die Gelegenheit, ihre Liebesemphasen zu inszenieren. Don Alfonso verschafft ihnen dafür einen *Spielraum*, von nun an ist er der Regisseur, der Regieanweisungen erteilt, die Figuren an der Hand nimmt, sie aufeinander zuführt, sie verblüfft. Für die Dauer des Spiels werden ihm die beiden Freunde gehorchen und sich seinem Willen unterwerfen, in Don Alfonsos Hand werden ihre beiden Körper zu Elementen seiner Strategie.

Im letzten Jahrzehnt des achtzehnten Jahrhunderts belebt sich das Interesse an Automaten, Marionetten, künstlichen Figuren neu, die Mechanik interessiert als Lehre von der Durchsetzungskraft der Bewegungen. Welchen Gesetzen unterliegen Körper, die sich bewegen, welche Kraftmomente wirken auf einen sich bewegenden Körper ein? – das sind die Fragen, durch die physikalische Themen auch zum Teil des Kriegshandwerks werden. Jacques Révérony de Saint-Cyr – Pionieroffizier, Romancier und Theoretiker – hält in seinem berühmten *Essai sur le mécanisme de la guerre* fest, eine jede Armee bestehe »wie ein mechanischer Körper aus beweglichen, Druck ausübenden, stoßenden und bewegten Teilen, die entweder einzeln oder zusammengesetzt eine ihnen entgegenwirkende Kraft überwinden.« Aus dieser Sicht wird der Soldat zum Element mechanischer Operationen, dient er einer Kraftaufwendung, die ein Ziel beseitigen, verrücken oder zu Fall bringen soll. Genau in diesem *strategischen Sinn* handelt auch Don Alfonso, indem er die beiden Freunde zu einem Gespann verbindet, aus *Offizieren* werden dadurch *Offiziere der Liebe*, die unter Regie, unter Aufsicht des Feldherrn Don Alfonso, ein Experiment durchführen. Ist's Mars oder Venus? – so fragen sich die Gestalten mit gutem Grund, bis am Ende des Spiels ein Loblied dem Sohn dieser Verbindung, dem geflügelten Amor, gilt.

Offiziere bilden einen Großteil des Publikums im Parterre noble des Burgtheaters, in dem *Così fan tutte* 1790 uraufgeführt wird. Ein zeitgenössischer Kommentar vermerkt boshaft, daß man dort »mehr von Kriegssachen als von Theater raisonnieren« gehört habe,* Mozarts Oper sprach also gerade die Schichten des Publikums besonders an, die sich – ihrer militärischen Kenntnisse wegen – besonders laut hören ließen. Don Alfonsos Intrigen spielen im Milieu militärischer Galanterie, selbst in den Dekorationen erkennt das Publikum die Staffagen dieser Galanterie wieder. Im zweiten Rang haben Beamte und Bürgerliche Platz genommen, während sich in den Logen des ersten und zweiten Ranges die Mitglieder der Hofaristokratie zur Schau stellen. Sie blicken auf das Schauspiel herab, das nicht ihre Schicht, sondern die des Militärs in den Blick nimmt, aber sie werden mitempfinden, mitseufzen und am Ende ebenfalls aufatmen können, denn die Regeln

* Vgl. *Così fan tutte*. Beiträge zur Wirkungsgeschichte von Mozarts Oper. Bayreuth 1978, S. 25.

der Galanterie sind auch die Regeln ihres zeremoniellen Zusammenseins. Erst im dritten Rang, auf der Galerie, findet man Kaufleute, Bankiers, reiche Bürgertöchter. Auch für diese Kreise hält die Oper eine Gestalt bereit, die ihr ganzes Interesse finden dürfte, es ist die Gestalt der Despina, eine späte Nachfahrin der schelmischen Colombinen aus den Stegreifkomödien der Commedia dell'arte. Ohne sie wäre der Stratege Don Alfonso hilflos. Indem er die Regie über das »Spiel im Spiel« übernimmt, erhält er Despina (als komödiantische und weibliche Variante der Regieführung) zur Seite, sie ist *die* Figur, an der er die Mechanik seiner eigenen Bewegungen als erstes wird ablesen können.

Don Alfonsos Wettangebot an die beiden Freunde ist die Initiation des Spiels, Ferrando und Guglielmo schwören bei ihrer Soldatenehre, seine Gesetze einzuhalten, dafür bietet ihnen Don Alfonso eine unermeßliche Verlockung: Sie werden die Szenen und Übungen der Galanterie vorführen und sich gleichzeitig dabei zuschauen, wie sie diese Szenen und Übungen spielen. So tauschen sie den militärischen Körper (der in Strategien erprobt ist) mit dem militärisch-galanten und sind von nun an Figuren, Automaten, Marionetten des Spiels. Alle Überlegungen müssen jetzt der Kunst gelten, auf die Verlobten *einzuwirken*, diese Massen aus Verlegenheit, gespielter Treue und Entrüstung in Bewegung zu versetzen. Don Alfonso genügt es anfänglich, darauf hinzuweisen, daß die beiden Schönen »von Fleisch, Bein und Blut« sind, daß sie essen und trinken, daß sie, kurz gesagt, jener sinnlich bewegten Sphäre zugetan sind, der das galante Verhalten alles unterwirft.

Schon der zweite Auftritt der Oper beweist dem Publikum aber deutlich, daß auch Fiordiligi und Dorabella auf das Spiel gut vorbereitet sind, scheinbar ahnungslos noch vertiefen sie sich in die Bilder ihrer Geliebten (Fiordiligi hält sogar fest, daß aus den Zügen ihres Angebeteten »der Krieger und der Liebende« blicke): Sind's Krieger, sind's Liebende? Ist's Mars, ist's Venus? Vorerst ist das Zusammenwirken dieser beiden Naturen in einer Gestalt nur ein Wunsch der Frauen, sie können sich die Vereinigung dieser amourösen Momente noch nicht richtig vorstellen, noch ahnen sie nicht, wie ihre Geliebten mit der Doppelnatur ihrer Existenz Ernst machen werden. Aber: »un certo foco«, »un certo pizzicor entro le vene« – das fühlen sie bereits, es ist ein Kribbeln, ein Zwicken und Stechen, das Blut kommt nicht zur Ruhe. Wie willkommen ist da jede Abwechslung, gut also, daß Don Alfonso hinzu kommt ...

Es ist die zweite Hälfte des Spiels, die dieser Don Alfonso nun initiiert: Er reißt die Damen aus ihrer Betäubung, er mutet ihnen zu, sich von ihren Männern zu verabschieden, die, wie er sagt, ein königlicher Befehl sofort aufs Schlachtfeld rufe. Während der Chor der Soldaten, Frauen und Männer das martialische Lied des Kriegsdienstes intoniert, nutzt Don Alfonso den Moment: Er stellt sich dicht neben die Frauen, die ihre Männer auf die Reise schicken und mit ihren Taschentüchern am Ufer winken, er beobachtet, wie dieser Abschied ihre Unruhe freisetzt, und er singt das Abschiedslied mit, das den Männern einen sanft wehenden Wind und ein ruhiges Meer wünscht. Jetzt kann Don Alfonso planen, jetzt kann er Regie führen, schon nähert sich die ihm behilfliche Despina mit leisen Schritten, und schon ahnt Don Alfonso, in welche Tiefen die Spielenden blicken werden, wenn sie sich ihm anvertrauen. Sein großes Wissen macht ihn zu einem rezitativischen Grübler. Wie erstarrt das Geschehen in dunklen, aufrührerischen Klängen, wenn er diesem Liebesreigen seine Bekenntnisse entgegenschleudert, die ihn ebenso erregen wie schmerzen! In solchen Momenten offenbart er sich als der lebenserfahrene und letztlich gekränkte Charakter, der nur warnen kann: »Der pflügt im Meere, der streut in Sand den Samen aus, und sucht im Netze Sturmeshauch zu fangen auf, der arglos seine Hoffnung auf Weibertreue setzt ...«

Zum Angriff! Die Waffen gezückt! Die Kleider vertauscht – Ferrando und Guglielmo gehorchen Don Alfonsos militärischer Strategie und verwandeln sich in »nobili albanesi«, wie sie zur Zeit der Opernpremiere in Wien als »gute Soldaten zu Pferd« durch die Türkenkriege bekannt waren. Das Vergnügen ist unbeschreiblich – endlich dürfen die beiden Männer in ihren Gefühlen schwelgen, endlich wird jede Zurückhaltung fallen gelassen, die Vornehmheit verblaßt, die Grenzen des Geschmacks werden erprobt und ausgelotet. Den beiden Frauen wird dadurch endgültig der »Friede« genommen, schrittweise trennen sie sich von ihren zuvor noch großen Gebärden und von den pathetischen Abweisungen, schrittweise lernen sie, sich in diesem Spiel wohlzufühlen, während die Männer, gleichsam in umgekehrter Manier, die großen Gebärden und die pathetischen Annäherungen erlernen. Gift, ein Stocken der

Stimme, ein Ringen nach Luft, ein Pulsfühlen, mesmerische Künste – die Mechanik feiert ihre Triumphe! Schon bald haben die Damen ein offenes Ohr für Despinas Ratschläge, die Festungen werden gestürmt, Blumen werden aufgeboten, bis zum Schluß sind alle Tore gesprengt!

Vom Spiel erschöpft, von der Gewalt der mechanischen Bewegungen überwältigt, kommen alle Figuren am Ende wieder zusammen. Sie klagen Don Alfonso, den Verführer, an, aber sie wissen, daß sie mit diesem Angriff auf sich selber zielen. Und er? Er triumphiert nicht, er verwandelt ihre Hilflosigkeit in ein Lachen: »Schnell umarmt euch und schweigt stille, / Lachen werdet ihr dann künftig, / Und ich selber lache mit.«

Così fan tutte 2 (*Szenische Lesung/Bruchstücke*): Ferrando und Guglielmo – das sind genau jene Schreihälse Mitte Zwanzig, die sich in den Cafés am Strand herumtreiben, sie legen Musik auf, rauchen, stehen den halben Tag zu zweit in Nähe der Theke, beäugen die Szenerie, bewegen sich kaum, gelangweilt verdösen sie Tag für Tag und nehmen das Meer schon nicht mehr wahr. Und Don Alfonso, der Alte? Das ist einer von den vielen älteren Männern hier, die den ganzen Tag scheinbar lebensklug verschwatzen, ihre »Weisheiten« anbieten und sich an die jüngeren Männer heranmachen, weil sie ihnen ihre Jugend neiden und ihnen die Illusionen rauben wollen. Die zwei Jungen, der Alte – das ist ein typisches Trio dieser Umgebung, der Alte raucht ununterbrochen und trinkt schon am frühen Abend das erste Bier, während die beiden Jungen Tag und Nacht mit ihrem nicht ausgelasteten Körper verbringen, damit, ihn der Sonne anzubieten, damit, ihn in der Nähe der Theke hin und her zu wenden, ihn nach vorn und hinten zu biegen, ihn zu kratzen, zu kraulen …

Und Fiordiligi und Dorabella? Es sind jene Mädchen um die Zwanzig, die hier in immer denselben, sich unentwegt unterhaltenden Zweier-Gruppen nebeneinander auf den Liegestühlen liegen, alle paar Minuten mit dem Handy telefonieren, sich jede Stunde mit Sonnenöl eincremen, aber niemals ins Wasser gehen, sondern sich höchstens (im Stehen, rauchend) nahe am Meer oder mit den Füßen im Meer aufhalten, um noch eine Spur an Bräune zuzulegen, längst haben sie einen festen Freund, aber diese Freunde sind fade, man langweilt sich längst mit ihnen, vor allem aber gibt es nichts mehr mit ihnen zu bereden, nichts, nichts gibt es mehr zu reden (die pubertären *Geschichten*, all die Rituale des Kennenlernens, sind abgeschlossen, die Heirat steht bevor, die Heirat! – fadester und trostlosester aller Gedanken, denn die Heirat besiegelt das Ende *aller Geschichten*).

Sieht er nicht toll aus? – Fiordiligi hat ein Foto ihres Freundes dabei und zeigt es Dorabella (ja, er sieht toll aus, aber damit hat es sich, die Phantasie ist mit ihm nicht mehr beschäftigt). Das Foto wird hin und her gereicht, ach, auch das Foto ist fade, und außerdem ist es bereits sechs, früher Abend, doch nichts geschieht, gleich werden ihre Freunde erscheinen, sie werden sich aufspielen, man wird ein wenig plaudern, dabei wird man die endlos lange Küstenstraße hinauf- und hinabgehen, wie alle es machen kurz vor dem Essen und auch danach …

Aber halt, wer ist das, ist das nicht, ja, er ist's, Don Alfonso, der Alte, dieser komische Vogel! Was will er? Er ist etwas tattrig und manchmal auch durcheinander, aber immerhin, er hat was zu erzählen, der Erzählstoff geht ihm nie aus, was will er diesmal? Schlechte Nachrichten (Don Alfonso liebt schlechte Nachrichten, er streut sie aus, weil er diese jungen und nichtsnutzigen Vögelchen leiden sehen will), schlechte Nachrichten, seufzt er, Eure Freunde ... (was ist mit ihnen? Was ist?), Eure Freunde müssen noch einmal für zwei, drei Monate zum Militär, sie müssen weit weg, Ihr werdet sie entbehren, ent-behren!

Echt? Ist das wahr? Spinnt er diesmal, der Alte? (Die beiden Vögelchen richten sich auf ihren Liegestühlen auf, stützen sich auf die Ellenbogen, schauen ein wenig entgeistert, sie können mit der Nachricht nichts anfangen, was bedeutet sie denn, was sagt sie? Muß man jetzt klagen? Oder? Oder was?) Tja, sagt der Alte, leider ist das kein Scherz, Eure Freunde werden Euch für eine Weile verlassen (*verlassen* ..., das ist das Stichwort, jetzt haben sie ein Wort, an das sie sich halten können, *verlassen* weckt das Pathos des Abschieds und Abschiednehmens ...). Kommt mit, sagt der Alte, nehmt Abschied, gebt ihnen noch einen Kuß! (Jetzt springen sie auf, jetzt wissen sie endlich, was von ihnen verlangt wird: das *Spiel* der Verabschiedung ...)

Und dann ist da noch Despina, die kleine Schlampe, sechs Geschwister hat sie und wohnte früher in einem der winzigen Bergdörfer oberhalb der Steilküsten am Meer, jetzt verdient sie etwas Geld in einem der großen

Hotelkästen am Strand, sie putzt die Zimmer, wischt hier etwas und dort, bringt den Gästen Getränke (sie haßt diese neureichen Puppen, die dauernd telefonieren und feste Freunde haben, sie haßt ihr Benehmen, ihre Kleidung, sie würde viel dafür tun, um ihr Leben durcheinanderzubringen, ja, mehr noch, sie würde sie gerne *verletzen*, ihnen ein paar Stiche zufügen ...). Don Alfonso, den Alten, der hier immer herumlungert, findet sie fies, aber sie hat ein Interesse an allem Fiesen und latent Bösem, denn in ihr, der kleinen Schlampe Despina, lauert eine unbändige Wut, eine Wut darauf, hier putzen, spülen, abwaschen und all diese zickigen, verdrehten Gestalten bedienen zu müssen ...

He, Despina! ... – der Alte macht sich wahrhaftig an sie heran, he, Despina!, komm mal her, komm näher (wie fies er ist, der Alte ...), ich hab was für Dich! (Was hat er? Was hat er zu bieten? Nichts, höchstens Geld, ja, wahrhaftig, Geld!) Er steckt ihr etwas zu, damit sie den Mund hält, sie soll das *böse Spiel* nicht verraten, sie soll mitmachen, da drüben warten schon zwei scharfe Typen, frisch von der Stange, die lassen wir jetzt los auf unsere von der Sonne durchbräunten, von ihren Freunden verlassenen Weibchen, abgemacht? Aber sofort, subito, abgemacht! (Endlich *passiert* etwas, endlich kann man mit diesen zickigen Figuren einmal etwas anfangen, und das Schönste: Man kann zuschauen, wie sie sich völlig ahnungslos in die *falschen Geschichten* verrennen ...)

Così fan tutte so zu lesen, ist ein großes Vergnügen, plötzlich entledigt sich das Stück der galanten Zeitbezüge (der ersten Lesart) und entpuppt sich als ein vollkommen gegenwärtiger Stoff: Die Figuren enthalten latent etwas Modernes, es sind Figuren dieses Gegenwarts-Kosmos hier an der italienischen Adria-Küste ... (Die *moderne Lesart* als Inszenierung, ich *inszeniere* das Stück *in meinem Kopf*, ich gehe Szene für Szene durch, probe, erteile Regie-Anweisungen, erläutere den Schauspielern meine Auffassung von den Figuren ...)

Eine wochenlange, intensive Beschäftigung: *Theaterproben*, ich inszeniere ein Stück! (Was für mich, als den Regisseur, auch bedeutet: Ich bewege mich nicht *fort*, ununterbrochen bewege ich mich *in diesem Stück* ...)

03.-10. Oktober 2005. Studium (Die Münchener Monate 1780/81/Idomeneo, KV 366). Vom 06. November 1780 bis zum 12. März 1781 hält sich Mozart nun in München auf, er arbeitet an der Oper *Idomeneo* und studiert sie mit den Sängerinnen und Sängern ein. In seinen regelmäßigen Briefen an Vater und Schwester in Salzburg schreibt er vor allem von dieser Arbeit, jedes Detail wird besprochen, er zeigt sich vollkommen absorbiert von der Komposition (womit er sich gegenüber Nachfragen nach Geschichten anderer Art abdichtet). In Salzburg verfehlen seine Briefe nicht ihre Wirkung, auch Leopold und Nannerl konzentrieren sich immer mehr auf das ferne Ereignis (im Januar 1781 werden sie sogar zur Generalprobe und Uraufführung nach München reisen).

Idomeneo, Re di Creta setzt die Serie von Mozarts ernsten Königsopern (*Mitridate/Lucio Silla*) fort, erneut ist es eine Oper des großen Pathos und der starken Momente (Idomeneo, der König von Kreta, kehrt vom Trojanischen Krieg nach Hause zurück, einem schweren Sturm entkommt er nur dadurch, daß er den Göttern gelobt, den ersten Menschen zu opfern, der ihm an Land begegnet. Der erste, der ihm dann entgegenkommt, ist sein Sohn Idamantes …), vor allem ist es aber eine Oper, die durch die Auftritte der beiden um Idamantes kämpfenden Frauen (Ilia, eine trojanische Prinzessin, und Elektra, die Tochter des Agamemnon) geprägt wird. Tiefer nämlich als in den männlichen Figuren sitzt in Ilia und Elektra jener Lebensschmerz, der das eigentliche Thema und die eigentliche Mitte dieser Oper ist.

Bis zur letzten, erlösenden Wendung kurz vor Schluß ist *Idomeneo* eine Oper der Katastrophen, die in steter Steigerung allen Figuren das Äußerste bis hin zur Todesbereitschaft abverlangen, das dunkle, unruhige Meer im Hintergrund der Szenen ist gleichsam das deutlichste Zeichen des auf alle lauernden Unheils. Die Inkarnation dieses Unheils aber ist Elektra, deren Werben um Idamantes immer wieder enttäuscht und selbst am Schluß nicht erhört wird. (Elektra bleibt unerlöst, ihre Eifersucht, ihre Raserei verhallen …, Elektra ist die dunkelste Gestalt, die Mozart bisher geschaffen hat, nichts kann sie beruhigen, jede Bewegung der anderen läßt sie aufseufzen, drohen, stöhnen, ununterbrochen ist sie außer sich, sie ist die unheilbar Verwundete, die den Lebensschmerz als Liebesschmerz austrägt und für die es keinerlei Linderung gibt.)

Idomeneo ist eine Auftragsoper, das bedeutet, Mozart hatte keinen Einfluß auf die Auswahl des Stoffes – und dennoch werde ich den Eindruck nicht los, als habe er im Libretto von Giambattista Varesco eigene Lebenserfahrungen der letzten Jahre auf entfernte Weise gespiegelt gesehen. Besonders die Figur der Elektra (sie ist die Abgewiesene, im Herzen tödlich Getroffene) wirkt abgründiger und nachhaltiger als alle anderen Gestalten, jedes Mal, wenn sie auftritt, verändert sich der musikalische Gestus um einige Grade – hin zur bedingungslosen, von keinerlei sonstigem Raffinement mehr abgelenkten Selbstentblößung. Daneben entfalten die Begegnungen von Vater (Idomeneo) und Sohn (Idamantes) die größte Wirkung: Als sie sich nach den langen Kriegsjahren zum ersten Mal begegnen und langsam begreifen, mit wem sie es jeweils zu tun haben, wäre dieser Moment im normalen Fall ein Augenblick großen Glücks, ausgerechnet dieser Moment stürzt sie aber ins tiefste Unglück. Nach dieser Begegnung gehen sie sich aus dem Weg, ihre Beziehung wird vergiftet durch das Gelöbnis, das der Vater den Göttern gegeben hat.

Musikalisch knüpft *Idomeneo* eng an die Oper *Lucio Silla* an, doch die Figuren wirken insgesamt verstörter, auch am Ende wird die Oper ihren aufgewühlten und angespannten Gestus nicht los, denn die Figuren befreien sich nicht wirklich von diesen Geschichten, sondern scheinen höchstens eine provisorische Lösung gefunden zu haben. (Was aber wird aus Idomeneo, der auf Geheiß des Orakels sein Königsamt niederlegen muß? Und was wird aus Elektra, die mitanhören muß, daß Idamantes und Ilia vom Orakel zum nächsten Königspaar bestimmt werden?).

13.-16. Oktober 2005. Musica practica. Erinnerungen an Kompositionen, an deren Aufführung ich beteiligt war oder die ich allein aufführte: 1) Erinnerung an eine Aufführung der *Spatzenmesse* (*KV 220*) durch das Schulorchester und den Schulchor: Ich sang mit im Chor und lieh mir in einer Musikbücherei die *Partitur* aus, es war die erste große Partitur, die ich Stimme für Stimme, Instrument für Instrument studierte. 2) Erinnerung an einen Klavier-Wettbewerb: Ich wollte die *Klavier-Variationen* über *Ah, vous dirai-je Maman* (*KV 265*) vortragen und wurde an einen Flügel der Marke *Ibach* gesetzt, von der ich bis kurz vor dem Vorspiel noch nie gehört hatte. Ich erkundigte mich nach der Marke, und man sagte mir, Flügel der Marke *Ibach* seien etwas ganz Besonderes und hätten einen unvergleichlichen Kammermusik-Klang. Ich nahm Platz und spielte, ich wußte nicht, was ein unvergleichlicher Kammermusik-Klang war, und so lauschte ich das ganze, lange Vorspiel Takt für Takt darauf, ob sich Mozart plötzlich anders anhörte als zuvor. Nach dem Vorspiel erhielt ich großes Lob, ich hatte mich nicht verspielt, ja mehr noch, ich hatte, wie es hieß, »inspiriert« und »vorzüglich« gespielt. Und ich antwortete »schon gut«, »na ja, danke«, und als man mich fragte, warum ich das Lob nicht hören wolle, antwortete ich, ich wolle das Lob nicht hören, weil mein Spiel keine besondere Leistung gewesen sei, »besonders« sei vielmehr der Flügel der Marke *Ibach* gewesen. 3) Erinnerung daran, daß ich (als ein bereits etwas älterer Konservatoriums-Schüler) eine angeblich drei Jahre jüngere Querflötistin am Klavier begleiten und dabei den Orchesterpart des mir damals unerträglich langweilig erscheinenden *Konzerts für Flöte und Harfe in C-Dur*

(*KV 299*) übernehmen sollte: Ich saß in einem Übungsraum hinter dem Flügel und spielte mich ein, da öffnete sich die Tür, und eine junge, hinreißend schöne Frau kam herein, beinahe von meiner Größe. Sie gab mir die Hand, begrüßte mich kurz, schlug die Noten auf, schraubte den Notenständer fest und gab mir ein Zeichen, daß ich anfangen solle. Ich verhaute mich laufend, obwohl es kaum etwas Einfacheres und Trägeres gab als den Klavierpart dieses Stücks, ich spielte miserabel und wie gelähmt, ich war fassungslos über den absolut professionellen Auftritt der Flötistin und verärgert darüber, daß eine so unverschämt schöne Person ohne Vorankündigung in diesem Raum erscheinen und für die nächsten zwei Stunden den Ton angeben durfte. 4) Erinnerung daran, daß ich einmal mit einer Taxifahrerin unterwegs war und unwillkürlich mitsummte, als aus dem Autoradio die Orchester-Einleitung des *Klavierkonzerts in F-Dur* (*KV 459*) erklang. Die Fahrerin war erstaunt, daß ich das Stück so gut kannte, und ich sagte, daß ich das Konzert bereits selbst gespielt habe, »das glaube ich Ihnen nicht«, antwortete sie, »ich glaube Ihnen kein Wort«. Wir stritten uns so lang, bis sie zur nahe gelegenen Musikhochschule fuhr und ich ihr dort beweisen konnte, was sie auf keinen Fall glauben wollte. Als ich ihr den ersten Satz des Klavierparts von *KV 459* vorgespielt hatte, wollte sie sich wegen ihres Mißtrauens entschuldigen, sie überlegte, wie sie mir eine Freude machen konnte, und kam schließlich darauf, daß sie mich, wann immer sie gerade Zeit habe, kostenlos fahren und bei diesen Fahrten eine Kassette mit Mozarts Musik einlegen werde. 5) Erinnerung daran, wie ich in einem Übungsraum eines Konservatoriums auf meinen ersten Klaviereinsatz im ersten Satz des *Klavierkonzerts in C-Moll* (*KV 491*) wartete: Der Orchesterpart kam von einer Schallplatte, es war eine jener Platten, auf die zu Übungszwecken nur der Orchesterpart eingespielt worden war. Etwas eingeschüchtert hörte ich dem in meinen Ohren plötzlich so monumental wirkenden Orchester zu, das offensichtlich nur für mich spielte und meinen Einsatz herbeibeschwor. Der Moment dieses Einsatzes rückte bedrohlich näher, meine Hände zitterten ein wenig, dann kam eine kurze Pause, und ich mußte mit der ganzen Wahrheit herausrücken: Mein Einsatz bestand aus einem harmlosen Oktav-Sprung der rechten Hand, an den sich eine kleine, noch harmlosere Figur anschloß. Und was folgte?: Ein zweiter Oktav-Sprung der rechten Hand mit einer Wiederholung der harmlosen Figur. Ich brach ab, ich murmelte: »Das kann doch nicht wahr sein …«, so sehr war ich in diesem Moment enttäuscht von Mozarts Techniken des überraschenden, starken Kontrasts.

Erinnerungen, Erinnerungen … – ich kann ihnen kaum folgen, so viele sind es. Wenn ich mich auf das Stichwort *Erinnerungen* konzentriere und dabei einen Blick in das *Köchel-Verzeichnis* werfe, kommt es mir beinahe so vor, als könne ich einen Großteil meines Lebens erzählen, indem ich nur davon erzähle, wie und wo ich Mozarts Musik gespielt und gehört habe … (Schöne Idee: Eine romanhafte Autobiographie schreiben, in der einer sein ganzes Leben ausschließlich unter der Perspektive aller nur erdenklichen Begegnungen mit Mozarts Musik erzählt: »Es lohnt sich nicht, daß ich von meinem Leben erzähle, und dennoch …«)

17.-23. Oktober 2005. (*Die Übersiedlung nach Wien (1781 bis 1783)/Die Entführung aus dem Serail, KV 384*) Das Singspiel *Die Entführung aus dem Serail* ist reiner Pop und kommt mir immer so vor, als habe Mozart lauter hitverdächtige Album-Stücke für seine Lieblings-Gruppe (*The Serails*) geschrieben. Wie bisher noch nie konnte er in den Text eingreifen und ihn mit arrangieren, und wie niemals zuvor gab es auch für die Komposition nur wenige Vorgaben, das deutsche Singspiel war vielmehr eine Gattung, die noch in den Anfängen steckte und daher von den Komponisten weitgehend nach eigenem Gutdünken geformt werden konnte. Mozart nutzte denn auch die großen, sich dadurch anbietenden Möglichkeiten: Zum ersten Mal durfte er Arien oder Lieder schreiben, die keinerlei Gattungsanforderungen genügen mußten, sondern sich ganz auf die Situation, die Handlung oder auf die Ausleuchtung eines Charakters bezogen. So war er beim Komponieren von allen früheren Fesseln befreit und konnte *die Musik selbst* sprechen lassen, eine Musik ganz nach den eigenen Vorstellungen, eine Musik aus dem Bodensatz der Temperamente und Atmosphären.

Die Befreiung, die ein solcher Ansatz bedeutete, wurde noch dadurch verstärkt, daß die Komposition dieses Singspiels in die Zeit fällt, als er sich vom Salzburger Hof lossagte. Im März 1781 hatte der sich mit seinem Hofstaat in Wien aufhaltende Salzburger Fürsterzbischof Colloredo den immer mehr widerstrebenden Mozart von München nach Wien beordert. Von April bis Juni spielten sich zwischen dem Landesherrn und seinem Hof- und Dom-Organisten dann jene dramatischen

Auseinandersetzungen ab, die schließlich zu Mozarts Dienstaufkündigung führten. Als er diesen entscheidenden, sein ganzes Leben in eine neue Richtung lenkenden Schritt tat, wohnte er jedoch längst bei der Familie Weber, er hatte zu ihr zurückgefunden und verliebte sich, nachdem ihn Aloysia Weber, eine der vier Töchter der jetzt verwitweten Cäcilie Weber, noch wenige Jahre zuvor zurückgewiesen hatte, in ein jüngeres Mitglied des Quartetts, in Constanze. Während der Frühlingsmonate des Jahres 1781 stellte er die nach seiner Paris-Reise abgebrochenen Verbindungen wieder her und schuf sich durch die – gegen den Willen des Vaters im August 1782 erfolgte – Eheschließung jenen neuen familiären Rahmen, der die Salzburger Familienära beendet.

Das Singspiel *Die Entführung aus dem Serail* begleitet diesen Prozeß, es ist gleichsam seine musikalische *Mitschrift*. Schon im April 1781 nimmt Mozart Kontakt mit dem Textdichter auf, Ende Juli erhält er das Libretto und arbeitet dann immer wieder an der Komposition, die ein Jahr später zum ersten Mal im Burgtheater aufgeführt (und zu Mozarts größtem Publikumserfolg zu Lebzeiten werden) wird. Wie kein anderes Bühnenwerk Mozarts ist die *Entführung* von einer ansteckenden Launigkeit und Ausgelassenheit grundiert, jeder Auftritt der zentralen Figuren (deren weibliche Hauptgestalt zudem noch »Konstanze« heißt) wirkt wie ein selbständiger, Barrieren niederreißender *Song*, ja durch den eingeblendeten Sprechtext ist das Singspiel bereits eine Vorform des *Musicals*, dessen oft schmissigen und rasanten Gestus es vorwegnimmt (die *Entführung* als Vorform der *West Side Story*). Die Handlung ist so schlicht, daß die Charaktere um so mehr glänzen können, gleichzeitig spielt sie aber gerade durch ihre Schlichtheit besonders nachdrücklich auf die Lebenssituation Mozarts in diesen ersten Wiener Monaten an: Wie der junge, feurige Belmonte soll er die geliebte Constanze aus dem Serail (dem Harem der »Weberischen«) befreien, und wie Belmonte muß er versuchen, den feindlichen Bassa Selim (den eigenen Vater) davon zu überzeugen, daß er sich der Liebe zu Constanze nicht länger entgegenstellt. Solche Parallelen verleihen Mozarts Komposition ihren singulären Verve, zu dem das türkische Kolorit und die fremden Atmosphären noch erheblich beitragen, indem sie den Klangcharakter verfärben und sich als distanzierendes Moment anbieten. Mit all seinen Seufzern, Schluchzern, Liebes- und Liebesschmerz-Liedern wird dieses Singspiel daher zu einer Apotheose der *einfachen Herzen*, nichts mehr ist von der früheren Galanterie zu spüren, keine Königsdramen ersticken oder überhöhen ihren Ausdruck, *Die Entführung aus dem Serail* ist *U-Musik auf höchstem Niveau*, genau das war der Grund für ihren nach der Erstaufführung sofort einsetzenden Triumphzug durch ganz Europa.

Rückblendung: Belmontes Arien (aber sind es *Arien* – oder wie soll man diese Auftritte nennen?) »Hier soll ich dich denn sehen, Konstanze, dich mein Glück« oder »O wie ängstlich, o wie feurig« – ich erinnere mich genau an meine Erregung, als ich sie zum ersten Mal und dann immer wieder als Kind hörte: Das war *die Liebe*!, das war jenes sonderbare Gefühl, von dem die Erwachsenen soviel Aufhebens machten, durch das pure Hören erhielt ich bereits eine Ahnung davon, was dieses Gefühl ausmachte und wie es den verwandelte, der von ihm befallen war …

Mit der *Entführung* schreibt Mozart zum ersten und einzigen Mal *sein* Stück, was bedeutet: Er schreibt ein Stück, das bis in die letzten Momente von seinen eigenen Stimmungen geprägt ist und dadurch zu einer Art *Selbstaussprache* wird. Während der Komposition und kurze Zeit nach der Erstaufführung ist mit der Heirat auch sein neues Leben in eine definitive Form gebracht. Noch ein ganzes weiteres Jahr aber läßt er bis zum August 1783 verstreichen, als er mit seiner Frau für einige kurze Besuchsmonate von Wien aus zu Vater und Schwester nach Salzburg zurückkehrt. Am 26. Oktober 1783, am letzten Tag dieses Salzburg-Besuchs, wird in der Stiftskirche *St. Peter* seine große *Messe in C-Moll* (*KV 427*) aufgeführt, die Aufführung ist als Dank- und Triumph-Gottesdienst angelegt, bei dem Konstanze eine Sopran-Partie übernimmt (so daß man sich diese Abschieds-Aufführung als eine tränenreiche, den neu gruppierten Kreisen bis ins Mark gehende Inszenierung vorstellen muß …). Danach ist Mozart nie wieder in Salzburg gewesen, die Aufführung der Messe (natürlich nicht im zum höfischen Terrain gehörenden Dom, sondern in *St. Peter*) ist sein endgültiger Abschied von jenem Kosmos, der seine Kinder- und Jugend-Jahre geprägt hat.

25. Oktober-30. November 2005. Studium (*Klavierkonzerte der Jahre 1782–1786*). Um Mozarts Ehe und Hausstand mit Konstanze (auf die er von nun an jene ausgelassene, spielerische *Sprachmusik* fokussiert, die er zuerst im Umgang mit der Schwester entwickelt hatte) gruppieren sich in Wien jene musikalischen *Freundeskreise*, die, gleichsam wie konzentrische Ringe um die jeweilige Wohnung herum angeordnet, den müde und brüchig gewordenen Salzburger Familien-Kosmos ersetzen. Ihren Zusammenhalt und ihre enge Bindung an die Musik belegt ihr Erscheinen bei den sogenannten *Akademien*, die oft sogar mehrmals wöchentlich bald öffentlich, bald privat an den verschiedensten Aufführungsorten stattfinden. Für seine Auftritte bei diesen Gelegenheiten konzentriert sich Mozart auf musikalische Gattungen, die es ihm erlauben, als Komponist wie als virtuoser Interpret aufzutreten. In rascher Folge entstehen daher in den Jahren von 1782 bis 1786 fünfzehn *Klavierkonzerte*, die zum idealen Medium seines musikalischen Austauschs mit der Wiener Gesellschaft werden: Der Solopart des Klaviers kultiviert auf immer raffiniertere Weise die Unterhaltung mit den einzelnen orchestralen Gruppen, mit dieser Zwiesprache zwischen solistischer Deklamation und Tutti-Emphase gelingt es Mozart, Wien, das »Klavierland«, Schritt für Schritt zu erobern.

25. Oktober/30. November 2005. Die Mozart-Augenblicke des Herbstes (Klavierkonzerte der Jahre 1782 bis 1786): 1) Als ich an einem noch beinahe spätsommerlichen Abend in Göttingen mit dem Hören der in Wien komponierten *Klavierkonzerte* begann und mit dem *Klavierkonzert in C-Dur, KV 415*, genau das richtige Stück für einen solchen *Auftakt* auswählte: Das Orchester meldet sich zu Beginn Gruppe für Gruppe, es blüht Schritt für Schritt auf, stellt sich umfassend vor, schließt das Entree ab, dann die ersten Einwürfe des Klaviers, noch vorsichtig und von Mal zu Mal ausholender, selbstbewußter …; 2) als ich in einem erhöht über der Altstadt liegenden Hotel in Osnabrück von meinem Zimmer aus auf dieses Terrain herunterblickte und nach dem Beginn des *Klavierkonzerts in A-Dur KV 414,* sofort das Zimmer verließ, um mit der Musik im Ohr durch die abendliche Stadt zu gehen und bei Beginn des langsamen Satzes augenblicklich nach einem Platz im Freien suchte, wo ich mich niederlassen konnte, beim Einsatz des Klaviers dann jedoch weiterging und die Empfindung hatte, der Klavierpart zieht mich voran, nimmt mich mit …; 3) als ich bei der Zug-Durchfahrt durch Köln beim Blick von der Deutzer Brücke auf den Rhein und die nahe *Philharmonie* eine starke Gefühlsregung mühsam unterdrücken mußte, weil genau im Moment dieses Fernblicks in meinem abgedichteten, leeren Abteil der dritte Satz des *Klavierkonzerts KV 414* erklang und dadurch die unstillbare Sehnsucht weckte, genau in *diesem* Moment in *diesem* Konzertsaal zu sitzen, um genau *dieses* Konzert (gespielt von Christian Zacharias) zu hören …; 4) als ich einen Spaziergang über die Höhen des Westerwaldes mit dem ersten Satz des *Klavierkonzerts in B-Dur, KV 450,* begann und mir der Anfang dieses Konzerts wie die reinste *Spaziergänger-Musik* erschien, ich mit dem Anhören des zweiten Satzes aber wartete, bis ich die kleine Bank am Waldrand erreicht hatte, von der aus man tief unten (»in weiter Ferne«) den elterlichen Hof meines Vaters erkennen konnte …; 5) als an meinem Geburtstag während eines Mittagessens in einer alten Zürcher Weinstube, in der früher einmal Gottfried Keller gespeist und getrunken hatte, plötzlich, ohne daß ich damit hätte rechnen können, der zweite Satz des *Klavierkonzerts in C-Dur, KV 467,* erklang und ich unwillkürlich annahm, ich selbst hätte für die Einspielung dieser Musik zu genau diesem Zeitpunkt gesorgt …; 6) als ich an einem frühen Morgen in Hildesheim mit dem Fahrrad an der Innerste entlang fuhr und beim Anhören des dritten Satzes des *Klavierkonzerts in G-Dur, KV 453,* nicht mehr weiter fahren konnte, sondern mich an das Ufer des Flüßchens setzte, die Augen schloß und den Satz in Ruhe zu Ende hörte …; 7) als ich mich nach einem sehr anstrengenden langen Arbeitstag in die fast leere Zürcher *Kronenhalle* setzte, etwas zu essen bestellte und den zweiten Satz des *Klavierkonzerts in D-Moll, KV 466,* hörte, auf die Frage des Kellners (»Darf ich?«) die Serviette auf dem Schoß ausbreitete, aufschauend jedoch feststellen mußte, daß der Kellner nicht servieren, sondern mich darum bitten wollte, für einen Moment der Musik aus meinen Kopfhörern lauschen zu dürfen …; 8) als ich mir direkt nach einer abendlichen Lesung in München insgeheim wünschte, jetzt den dritten Satz des *Klavierkonzerts in Es-Dur, KV 449,* als idealen *Kehraus* laut abspielen zu können, um die Zuhörerinnen und Zuhörer mit genau diesem Stück in den ersten, seit dem frühen Abend gefallenen Schnee zu verabschieden …; 9) als ich in freien Minuten immer wieder mit dem Fahrrad in den Stuttgarter Wäldern gleich oberhalb des Gartenhauses unterwegs war und bei diesen Fahrten in der Nähe meiner Wohnung nur das *Klavierkonzert in F-Dur, KV 459,* hörte und jedes Mal dachte »Was ist nur mit diesem Konzert? … Warum hier in Stuttgart immer nur dieses Konzert?« …; 10) als ich nach der Rückkehr von einer solchen Fahrt hinunter ins Musikzimmer ging und mich ans Klavier setzte, um den ersten Satz des *Klavierkonzerts in F-Dur, KV 459,* zu spielen, schon bald aber bei einer bestimmten Wendung hängen blieb, die mir plötzlich wie der leuchtende, geheimnisvolle Kristall erschien, dem ich instinktiv immer gefolgt war …

Mozarts *Klavierkonzerte* als Emphasen des Gehens und langsamer, aber zügiger Bewegungen, unterbrochen von lauter Momenten der *Epiphanie* …

01.-04. Dezember 2005. Salzburg (Streichquartette KV 387/421/428/458/464/465 (Haydn-Quartette)). In Salzburg kann man jetzt das große *Stadtpanorama* besichtigen, das der Maler und Zeichner Johann Michael Sattler 1825 bis 1829 gemalt und dann in ganz Europa vorgestellt hat. Da sich die Stadt in den Jahrzehnten seit Mozarts Salzburger Jahren wenig verändert hat, erhält man durch dieses Panorama einen detaillierten, auch atmosphärisch starken Eindruck von dem alten Stadtterrain, das sich in klarem Sonnenlicht eng an die Flußschleife der Salzach anschmiegt und sich mit seinen hellen Häusern und Tausenden von Kaminen zu Füßen der die Szenerie rahmenden Hügel gruppiert. Der Mönchsberg und das unterhalb gelegene Gelände liegen im schattigen Dunkel, eine Prozession bewegt sich in der Nähe des Doms, überall, auch auf den schmalen, ockerfarbenen Landwegen, sind Gruppen von Spaziergängern unterwegs, während die großen Plätze der Stadt seltsam leer und verlassen erscheinen. Fuhrwerke bewegen sich auf der einzigen Brücke und auf den flachen Inseln im Fluß, Reiter galoppieren durch die Gärten, die grünen, hier und da mit Wäschestücken ausgelegten Wiesen in der Umgebung der Stadt sind oft von langen Pappelalleen gerahmt, man erkennt kleine Teiche, Weiher und Seen, auf denen winzige Boote unterwegs sind.

Fünfundzwanzig Jahre lang, von 1756 bis 1781, waren diese Gegenden einmal *Mozart-Ländereien* gewesen, die ganze Stadt und ihre Umgebung hat er mit seinen Kompositionen belebt und gefüllt, vom Dom und der Residenz ausgehend, erklang seine Musik in den Kirchen, den adligen Palais, den Bürgerhäusern, den Gärten, tagsüber, an den Abenden, an schönen Sommernächten aber auch nachts, im Freien. In Salzburg komponierte er fast alle seine geistlichen Werke, Messen, Vespern, Sonaten für die Orgel, für Salzburg schrieb er Opern, Singspiele, Symphonien und Divertimenti, Serenaden, Konzerte und immer wieder Tanzmusik ..., man kann sich Sattlers weites Panorama als eine einzige große Landschafts-Partitur vorstellen, die die Orte enthält, an denen Mozarts Kompositionen aufgeführt und immer wieder gespielt worden sind ...

Jetzt, da mein Hör-Projekt sich allmählich dem Ende nähert, betrachte ich Sattlers *Panorama* als *ein Abschiedsbild* (Mozart? Er ist längst in Wien ..., er fehlt Salzburg, seine Musik entzündet sich anderswo, an anderen Gegebenheiten, Salzburg kann ihn nur noch in der Erinnerung bewahren, hier und da spielen einige Freunde noch eines seiner Werke. Sein Vater sitzt, nachdem Nannerl ebenfalls geheiratet hat und aus Salzburg fortgezogen ist, allein mit dem Hund in der Acht-Zimmer-Wohnung. Eine beängstigende Stille ist in diese Stadt eingezogen, all diese Plätze sind leer, und diese Leere verweist auf Mozarts *Abwesenheit* ...)

Während der Vormittags- und Nachmittags-Aufenthalte in den Salzburger Cafés (*Bazar, Tomaselli*) höre ich die *Haydn-Quartette*, die in Mozarts ersten Wiener Jahren gleichsam das kammermusikalische Pendant zu den *Klavierkonzerten* waren: Intime Unterhaltung, Freunde unter sich ... Auch diese Musik entwickelt, im verschneiten Dezember-Salzburg gehört, stark elegische Züge, gegenüber den geselligen Salzburger Kompositionen hat sich der Ton erheblich verändert, er ist versonnener, intensiver, aber auch angespannter geworden, so daß ich mich immer wieder frage: Was geschieht (etwa im *Adagio*-Satz des *Quartetts in B-Dur, KV 458*) da gerade?

Am frühen Nachmittag, als ich mich auf den Weg zu einem meiner Salzburger Lieblingsorte, dem *Augustiner Bräu-Stübl* etwas außerhalb im Stadtteil *Mölln*, machen möchte, setzt ein sich dann über Stunden hinziehender, dichter Schneefall ein, ich gehe mit eingezogenem Kopf, ohne Schirm, ohne Mütze, an der Salzach entlang und denke, dieser langsame, dichte Schneefall ist wie ein Fallen von Noten, unaufhörlich fallen hier weiße Noten und decken die Stadt zu, so hat Mozarts Musik einmal die Stadt zugedeckt, jahrzehntelang lag sie unter der dichten Decke seiner Musik ..., ich tappe langsam und vorsichtig am Ufer des Flusses entlang, und als sich auf meinem Weg ein Hund zugesellt, denke ich, hier schlurft der Geist des alten Vaters, der sich grenzenlos nach dem abwesenden Sohn und seiner Musik sehnt ...

Draußen, in den weiten, am frühen Nachmittag zunächst noch leeren Sälen des *Augustiner Bräu-Stübl,* hole ich mir einen Steinkrug mit dem vorzüglichen Bier und setze mich an einen der einfachen Holztische ins Eck, die langsam einschneiende Umgebung vermittelt den Eindruck einer großen Stille, ich setze das Hören der *Haydn-Quartette* fort und begreife plötzlich, daß diese Quartette von genau einer solchen Stille zehren, nur ganz selten heben sich die Klang-Gespräche von ihr ab und machen sich frei, ansonsten aber sind sie um diese Stille herum gemurmelt, sie eröffnen ihr die stärksten Akzente, die *Stille* ist ihr eigentliches Zentrum …

Die Zauberflöte …, nein, kein Wort über diese Oper …, doch, ein kurzes Wort über diese Oper: Hier in Salzburg, im *Salzburger Marionetten-Theater,* habe ich sie zum ersten Mal gesehen, als *Kinderoper* habe ich sie damals gesehen, aber auch in allen späteren Jahren habe ich sie niemals anders verstanden und bin Aufführungen auf der Bühne großer Opernhäuser, soweit es ging, aus dem Weg gegangen. *Die Zauberflöte* war mit ihren Märchen-Erzählungen und Abenteuern im *Salzburger Marionetten-Theater* am besten aufgehoben, genau in dieses Theater gehörte sie, denn die Marionetten-Bewegungen waren in ihrer ungelenken und doch schwebenden Art genau die richtige Folie für diese Musik, deren Vortrag ich nie *zusehen,* sondern eben nur *zuhören* wollte … (Die Marionetten waren *Verkörperungen* des Märchen-Charakters des Stückes, sie spielten das Märchen, als zitierten sie es, während in jeder Aufführung großer Bühnen das Märchen und die Musik Fleisch werden sollen … – erleichtert war ich also, als ich Ingmar Bergmans *Zau-*

berflöten-Verfilmung sah, der das Stück als *Theaterstück* inszenierte und diese Inszenierung dann filmte, indem er die kindlichen Blicke der Zuschauerinnen und Zuschauer *auf* diese Guckkasten-Inszenierung zum Ausgangspunkt nahm und die Bewegungen der Figuren als Marionetten-Bewegungen inszenierte …)

Der *Abschied von Salzburg*: Ich höre das *Streichquartett in C-Dur, KV 465*.

06.-22. Dezember 2005. Studium (Die Hochzeit des Figaro, KV 492). Die große Oper der so erfolgreichen ersten Jahre in Wien ist *Die Hochzeit des Figaro*, es ist Mozarts geschwindeste, ihre Figuren atemlos machende Oper, es ist eine Oper der raschen, unterbrochenen, abbrechenden, sich in völlig unerwartete Wendungen verdrehenden Auftritte, es ist die letzte große europäische Oper, die sich noch einmal den Festen der Galanterie widmet und sie auskostet bis zum verspäteten, letzten Erwachen.

Das Brautpaar: Figaro mißt mit dem Zollstock das Zimmer aus, Susanna probiert einen Hut auf – beide plaudern noch vor sich hin, der eine rechnend, zählend, begrenzend, die andere fordernd, haschend, leise aufgeregt. Schon die erste Szene wirkt wie eine Keimzelle des Stücks, denn schon in ihr spielen jene geheimen Kräfte eine Rolle, die sich in der Oper dann durchsetzen werden. Zwei, die zunächst aneinander vorbeispielen, werden aufeinander aufmerksam, passen ihre Empfindungen schrittweise aneinander an, geraten in erhebliche Unruhe, schon klopft es in der Brust, pocht, ein

Stammeln. »Ping ping« – »pong pong« – »peng peng« – so artikuliert sich die lautmalerische Phalanx der Unruhe, und man findet das Brautpaar von einem Moment auf den andern verwandelt wieder. Susanna hat ein wenig zu laut nachgedacht, die Gedanken sind nur nebenbei geäußert worden, aber in diesem Spiel hat jede Silbe, jedes Flüstern und jedes Zischen einen nervösen Beiklang, der sich dem Gegenüber sofort mitteilt. Erregung, Unruhe ... – mit all ihrer Lebenslust sind die Figuren damit beschäftigt, den Stillstand zu vermeiden. Stillstand kann es nur an den großen Wendepunkten geben: Dort, wo Spannung hergestellt, dort, wo etwas aufgedeckt wird, oder dort, wo eine Gestalt sich für einen kostbaren Moment zur Selbstaussprache hinreißen läßt. Sonst aber gibt es nur den Drang, von einem Augenblick zum anderen zu hasten, dem Spiel zu folgen und ihm alle Lebensregungen anzupassen. *Das Spiel* – das ist die Kunst, die Lebensunruhe in immer neuen *Besetzungen*, Spielvarianten und Szenen zu gestalten. Daher gilt die Devise: *Umbesetzen!* ..., das Spiel und seine Konstellationen immer wieder erneuern, die galanten Abenteuer auf die Spitze treiben! Atemlos erleben die Figuren ihren Lebensübermut, jenes Hasten, Eilen, Schwärmen und Springen, das sie nie losläßt. Wie sollen sie je zu sich kommen? Nur indem sie sich an der Grenze erschöpfen. Die Grenze ist die des *tollen Tages*, die einbrechende Nacht, nahe der Pinien, dort, wo man sich abkühlt, um endlich zur ungebrochenen Lust zu finden.

Welche *Positionen* nehmen die einzelnen Gestalten in diesem Spiel ein? Susanna bewirkt die erste *Umbesetzung*, sie verwandelt Figaros Naivität, sie macht aus diesem zunächst einfältigen Geist lebendige Spielmaterie. Erst so wird Figaro zum Teilhaber am Spiel, er wirft sich in Positur und gibt seine Rolle bekannt: »will der Herr graf/ein tänzchen nun wagen ...« Mit dem Stolz des Liebenden trumpft er auf und behält doch Reste seiner Schlichtheit. Sicher, er nimmt sich vor, in dem nun folgenden Reigen mitzuspielen, und er weist sich in übertriebener Selbsteinschätzung sogar eine herausragende Rolle zu. Aber – er ist ein wenig zu laut, und die übertriebene Lautstärke entspricht seiner mangelnden Beweglichkeit. Nein, man wird ihm später nicht glauben können, daß gerade *er* aus einem Fenster in den Garten gesprungen ist, derartig gewandte Sprünge passen einfach nicht zu ihm. Eher macht er Ankündigungen und vergewissert sich immer wieder seiner angeblich geschickt ausgetüftelten Pläne. Im ganzen gesehen, löst er sich aber nie im Spiel auf, er tut zwar so, aber es will ihm nicht gelingen. Er ist um eine Spur zu langsam, ein Opfer seines Glaubens an die Kunst der *Entlarvung*, an große Schritte und bedeutsame Gesten. Das eigentliche Spiel aber ereignet sich hinter seinem Rücken, ganz anders, als er geplant und gewollt hat, am Ende kann ihn sogar Susanna narren. So gehört Figaro zu denen, die sich zu viel vornehmen und scheitern. »Soll er nur kommen/ich geb ihm stunden« – das schleudert er dem Grafen entgegen, es hört sich gut an, aber der Tölpel, der mit etwas zu groben Mitteln arbeitet und immerzu eine gewisse Steifheit ausstrahlt, ist nicht zu überhören. Seine Rolle ist scheinbar der große *Protest*, aber er protestiert nicht, wie er glaubt, gegen die Moral des Adels, sondern gegen das Unverstandensein. Niemand schließt ihn so recht in die Arme, ungetröstet tönt er vor sich hin. Am Ende muß man ihm ein paar Ohrfeigen geben, damit er diese Posen und seine Steifheit endlich hinter sich läßt. Susanna dirigiert diese Verwandlung das ganze Stück hindurch, neben all ihren anderen Regieaufgaben hat sie vor allem daran schwer zu tragen, daß sie Figaro auf den Bahnen des Spiels halten muß. Laufend meldet sich in diesem Figaro das Kind, sich beschwerend, daß ihm die Eltern fehlen, daß es nicht ernstgenommen wird, daß es ihm nicht gutgeht. Erst als er begreift, daß er Marcellinas Sohn ist, erst als er endlich »Mutter« und »Vater« sagen darf, hat seine Schlichtheit ihre Wurzeln gefunden und ist seine Unruhe wie weggeblasen. Susanna muß ihn sogar daran erinnern, daß er noch mehr ist als das Kind seiner Eltern, ja daß er ein Liebender ist.

Anfangs sind Susanna und Marcellina die heftigsten Gegenspielerinnen. Sie sprühen sich an, sie schleudern sich Worte entgegen, bald laut, bald leise, damit die andere mißversteht und doch versteht. Sie stoßen aneinander, sie überwachen sich, aber auch ihre Unbeholfenheiten werden im Verlauf des Spiels korrigiert: Marcellina wird immer mehr zu der älteren Frau, die sie Susanna gegenüber ist, ihre Spielmaterie wird gleichsam hart, und am Ende nimmt sie eine ferne, unveränderliche Position ein, indem sie als Figaros Mutter erscheint. Wenn die Gestalten solche *Positionen* erreicht haben, werden sie dem Spiel entzogen, sie haben ihre Funktion verloren, denn ihre Funktion hätte darin bestanden, ein regsamer und anregender Teil der ununterbrochenen Verwandlungen zu sein.

Es gibt im ganzen Spiel nur eine einzige Figur, die genau das vollständig zu beherrschen scheint: Cherubino. Cherubino ist der konzentrierteste Ausdruck des Spiels, aber er ist nicht sein Zentrum. Immer will er Teil von etwas sein, teilhaben, sich anschmiegen, sich in die Lücken einfügen, die sich überall auftun. So ist er das unersättliche *Intervall*, das die Zwischenräume zwischen den Figuren mit Emphase ausfüllt. Die Gestalten können es ihm nur danken, denn er ist der stärkste Antrieb im Gewirr der spielenden Kräfte. Wie leicht man ihn findet! Überall hat er sich versteckt, man braucht nur ein Tuch zu lupfen, schon springt er aus seinem Versteck! Diesem hohen Anteil am Spiel entspricht sein Drang zur Selbstauflösung. Als Intervall verbindet er zwar die Figuren, doch muß er andererseits immerzu eilen, diese Aufgabe zu erfüllen, eigene Luft zum Atmen findet er kaum. Wo brächte man einen wie ihn zur Ruhe? Der Graf denkt daran, ihn bei den Soldaten unterzubringen, da aber würde seine bewegliche Art gleichsam erstarren und absterben. Hier aber, im Schloß, in einem Kabinett, in einem Garten – da verbindet sie sich so sehr mit den jeweiligen Atmosphären, daß sie sich in ihnen verliert. Cherubino changiert, er nimmt seine Umgebung nicht konturiert wahr, selbst andere Menschen sind für ihn nur Elemente des Spiels, die keine festen Umrisse haben, sondern nur Augen, Münder, Nasen, zitternde Hände. So verfängt er sich, verbirgt sich hinter einem Stuhl, verschwindet in einem Kabinett, löst sich in Luft auf, springt aus dem Fenster, trippelt ins nächste Gemach …, er verkörpert die Unruhe der spielenden Kräfte, die in den anderen Figuren ebenfalls schlummert, es ist diese gewaltige Unruhe, die ihn verwirrt und der er keine Richtung zu geben vermag. Hätte er aber Gewalt über sich, dann wäre er *der andere,* der starke Mittelpunkt dieser zerstreuten Gesellschaft, dann wäre er Don Juan. Daß es so weit mit ihm nie wird kommen können, macht seine Grenzen aus. Eine geheime Nähe zur Don-Juan-Existenz jedoch besteht, man muß sich gegen ihn zur Wehr setzen, man muß ihn verbannen. Dagegen setzt er das Wendige und Nicht-Greifbare seines Wesens, das ausreicht, um seinen Feinden überlegen zu sein, der endgültigen Bestrafung entzieht er sich daher leicht.

Warum liebt er ausgerechnet die Gräfin? Weil die Figur der Gräfin eine merkwürdige Stille umgibt, weil sich in ihrer Nähe die Hoffnung auf ein paar Momente der Beruhigung zu erfüllen scheint. Und wirklich kommt Cherubino in ihrer Gegenwart für Augenblicke zur Ruhe und versenkt sich in sein eigenes, ihm selbst fremdes Wesen. Gerade diese Momente gehören zu den schönsten des ganzen Spiels, denn Cherubinos Lieder und Arien haben plötzlich keine Richtung mehr, sie trumpfen nicht auf (wie die Figaros), sie klagen nichts ein (wie die der Gräfin), sie sind *reine Musik,* der gegenüber alles Getuschel endlich erstirbt, man läßt die Hände sinken, man legt sie in den Schoß, endlich haben die *Töne* und *Klänge* alle Gewalt! Sonst nämlich haben die *Laute* die Macht übernommen, man wird von ihnen umhergetrieben, von einem Rascheln, einigen Schritten, einem Räuspern, einem dumpfen Knall. Basilio ist die Gestalt dieser Laut- und Gerüchte-Küche, er streut Worte aus, sammelt Blicke, er ist eine Art Medium aus Redensarten, alles scheint er wissen zu wollen, jedenfalls verfolgt er alle möglichen Spuren: Wer hat wen angeschaut? Wer hat sich wo gezeigt? Wer liebt wen?

In Susannas Zimmer haben sich plötzlich (wer weiß noch, wie sie dorthin kamen?) drei Männer eingefunden, die einander aus allen nur möglichen Verstecken hervorholen. In solchen Momenten ist alles zum Zerreißen gespannt, und gerade in solchen Momenten platzt der laute Chor der Bäuerinnen und Bauern herein, der nicht zufällig von Figaro angeführt wird. Warum kommen diese Chöre immer wieder ins Spiel, was ist mit ihnen verbunden? Die Chöre sind die versteckten Uhrzeiger der Handlung, sie zeigen an, wie spät es ist. Deshalb mahnen sie, deshalb verweisen sie auf die späte Abendstunde als den Zeitpunkt des bevorstehenden Hochzeitsfestes, immerzu in der Hoffnung, daß sich bis dahin alles »gefunden« und »erfüllt« haben möge. Insgeheim nämlich ist das Ganze ein *Spiel mit der Zeit*, ein Hinausschieben, Verlängern, Ausdehnen, in dem sich die Besetzungen immer wieder verändern. So geht es vor allem darum, das Schau-Spiel zu steigern, sich gegenseitig in die Enge zu treiben, die Umgebungen zu verwandeln, aus jedem Moment etwas zu machen, den anderen zu verwirren, jede Eindeutigkeit aufzuheben. Alle Momente der Oper ordnen sich diesem Zeitspiel unter, grob gesagt, stehen sich zwei verschiedene Zeit-Figuren entgegen: Die eine wird von der Gruppe um den Grafen verkörpert, die andere von der Gruppe, die Figaro anführt. Jede dieser Gruppen bemüht sich, Stellungen und Positionen zu sichern, die andere Seite zu bremsen, das eigene Spiel anzutreiben und zu forcieren. Nichts kommt dem Grafen gelegener als jede Verzögerung, nichts betreibt Figaro mehr als das Drängen! So versuchen beide Seiten, sich das Recht des ersten Zugriffs auf eine Situation, einen Menschen und damit auf ein Spielmoment zu sichern. Wie das geschieht, kann man am Finale des 2. Aktes besonders deutlich studieren, es bildet einen Höhepunkt im Umbesetzungsreigen des ganzen Spiels.

Was geschieht? Zu Beginn pocht der Graf an die Tür eines Kabinetts, in dem er und die Gräfin den unruhigen Cherubino vermuten. Sitzt der nun in der Falle? Nein, als die Tür sich öffnet, tritt Susanna heraus, sie hat Cherubinos Stelle eingenommen. Entschuldigungen werden geseufzt und gemurmelt, man vergewissert sich vorsichtig der neuen Lage und der veränderten Position in diesem Spiel. Wie geht es weiter? Indem einer drängt! Figaro führt wieder einmal die Menge an, »da draußen beeilt euch«, worauf der Graf, dem Gesetz der Oper gemäß, nur mit einem »moment nicht so eilig« reagieren kann. Kaum haben die beiden einen ihrer kurzen Kämpfe ausgefochten, belebt eine neue Figur die Szene, es ist Antonio, der Gärtner, der einen zerbrochenen Blumentopf einklagt. »Ja was ist und was war und was wird denn?« – Antonios Auftritt verlangsamt das Spiel, daher nimmt der Graf sich seiner an, er bittet ihn, ausführlich zu berichten, er läßt den verwirrten Zeugen ganz zur Geltung kommen. Wieder richtet sich ein Zeugnis gegen Cherubino, da springt Figaro ein, er will es gewesen sein, er möchte Cherubino aus dem Spiel nehmen. »Das wär fein alles geht noch gut aus« – so hoffen die Gräfin und Susanna, und wirklich scheint sich die Situation zu bereinigen. Doch Antonio, der

Gärtner, schiebt noch etwas nach, es ist ein Brief, der dem Flüchtling bei seinem übereilten Sprung aus dem Fenster entfallen zu sein scheint. So werden in dieser Oper die Gegenstände zu Elementen des Spiels: Es sind Zeugen der Verschiebungen, und als solche rufen sie *Umbesetzungen* hervor. Es handelt sich um Scherben, um Briefe und Bänder, um spitze Nadeln – kleines Zeug mit großen Wirkungen. Figaro muß sich rechtfertigen, wieder von neuem müssen einige Worte gemacht, muß geflüstert und getuschelt werden, für einen Moment scheint alles zur Ruhe zu kommen, dann aber eilen die Intriganten der Partei des Grafen herbei, um ihre Rechte gegenüber Figaro geltend zu machen.

Eine Gestalt aber scheint all dieser Unruhe entzogen, es ist eine sehnsüchtige Frau, die nichts mehr will als *sein.* Ihre »Not« besteht darin, daß sie anders liebt als die anderen, nicht so flüchtig und eilig; sie zieht sich in sich zurück, und dieser Rückzug nimmt immer wieder den Ausdruck einer verhaltenen Klage an. Niemand darf und soll das hören, die Gräfin lebt in einer Art unerhörter Einsamkeit. Sie wendet sich daher auch an niemanden, insgeheim spricht sie nur mit dem Abwesenden, dem Grafen, diesem nervösen und heftigen Geschöpf, das seinen Affekten preisgegeben ist. Darüber hinaus wendet sich ihr Klagen aber auch gegen die anderen, gegen die Meute im Schloß, gegen die dort draußen in den Gärten. Wenn es nur einmal ruhig zugehen könnte! Wenn all diese hastigen Menschen einmal zur Besinnung kämen! Ohne daß sie es ahnen, nähern sich all diese Verwirrten im Verlaufe des Schauspiels der Gräfin, am Ende werden sie ihr huldigen, genau in dem Moment, als der Graf sich bei ihr entschuldigt. So ist sie der geheime Fluchtpunkt all der Linien und Bewegungen. Während des Spiels bekommt die Gräfin jedoch ein Pendant, eine Art Gesellin im Ausdruck, an die Seite gestellt, eine Spur vehementer, aber ihr doch sehr nahe, diese Gesellin ist Susanna. Im gegenseitigen Kleiderwechsel beweist sich diese Nähe, in den Minuten des Ankleidens, des Plauderns, aber auch in der Lust der beiden Frauen, sich immer wieder des jungen Cherubino anzunehmen. Cherubino wird angelockt, genarrt, verabschiedet, davongejagt – das Trio von Gräfin, Susanna und Cherubino ist so eine Art geheimer Zelle des Stücks, von dem das Spiel der Vertauschungen auf besonders virtuose Weise betrieben wird.

Im letzten Finale versammeln sich alle Gestalten, und die Spielkünste der verschiedenen Gruppen suchen sich in den Nischen und Verstecken des Gartens ihr Terrain. Diejenigen, die am Ende dieses Spiels dann zu kurz kommen, haben entscheidende Fehler gemacht. Sie haben sich im Spiel in ihren Affekten verfangen (wie der Graf, dem das ganze Spiel am Ende »zuviel« werden muß), oder sie haben sich im Spiel aufgelöst (wie Cherubino, der im Nichts verschwindet). »War es Wahnsinn war's ein Alptraum« – so erschrickt die galante Gesellschaft am Ende des absolutistischen Zeitalters über sich selbst. Noch einmal treibt sie sich zum Äußersten, zum »Vorwärts« des Feierns, des Festes, des Tanzens, daher die Vehemenz des Abschieds, daher die Tollheit des Tages! Die Revolution wird dem ein Ende machen, kurze Zeit später werden all diese galanten Spieler von der Bildfläche verschwunden sein: »Grausam ist es zu erwachen / war es Wahnsinn war's ein Alptraum / manchmal böse manchmal traurig / aber komisch war es doch …«

25. Dezember 2005. Im Kölner Dom, gegen Mittag: Die kurze Motette *Ave verum corpus, KV 618* …, sie ist eines der wenigen geistlichen Werke, das Mozart in Wien komponiert hat, 1791, im letzten Jahr seines Lebens.

26.-31. Dezember 2005. Mozarts *Lieder* und *Kanons* sind meine musikalische Brücke zwischen den Jahren, Lieder also wie *Die kleine Spinnerin* (*KV 531*), *Das Kinderspiel* (*KV* 598) oder *Abendempfindung an Laura* (*KV 523*) und *Kanons* wie *O du eselhafter Martin* (*KV 560b*), *Gehn wir im Prater, gehn wir in d'Hetz* (*KV 558*), *Leck mich im Arsch* (*KV 231*) oder *Bona nox! Bist a rechta Ox* (*KV 561*) – all diese kurzen Stücke sind erst in den Wiener Jahren entstanden, es sind winzige, manchmal wohl nur hingesummte oder angesungene musikalische Aufhelldrogen für den Alltag oder *Appetizer*, von denen man ja auch nicht satt wird, die man aber nach Belieben einige Momente im Mund bewegt und kostet …

01. Januar 2006. Morgens, gegen elf, der musikalische Beginn des neuen Jahres mit dem *Streichquartett in D-Dur, KV 499*: Ein ideales Stück für einen späten Morgen an einem Festtag, nach einer langen Nacht …: Keine starken Kontraste, eine ruhige, geschmeidige, stetige und gesellige Fortbewegung, wohltuend ausbalanciert, auf alle vier Stimmen verteilt.

02.-04. Januar 2006. Studium (*Klavierkonzert in B-Dur, KV 595*). Das Geheimnis der Kompositionen Mozarts in seinen letzten Jahren besteht darin, daß seine Musik immer weniger Spuren all jener Momente enthält, die früher in oft so starkem Maß eine Verbindung zu den sie umgebenden Räumen oder Personen suchten und aufbauten. Noch einmal verändert sich daher ihr Charakter, sie wird gelassener und setzt sich weniger mit den Anforderungen, die bestimmte Gattungen stellen, auseinander, als vielmehr mit dem besonderen, individuellen Zugang, den Mozart nach jahrzehntelanger Arbeit zu diesen Gattungen gefunden hat.

Ein gutes Beispiel für diese Veränderungen ist sein letztes *Klavierkonzert in B-Dur, KV 595*, dessen orchestrale Einleitung im ersten Satz nichts Auftrumpfendes, Klarstellendes, Hervorhebendes mehr hat. Das Thema wird vielmehr mit einer so unglaublichen Ruhe und Zurückhaltung intoniert, als werde es nicht auf die Reise einer dann folgenden Bearbeitung geschickt, sondern als habe es längst seine ihm eigene, unverrückbare Gestalt gefunden ..., während der zweite Satz beinahe ein einziges, durchlaufendes Klavier-Solo ist, zu dem das Orchester höchstens noch ein paar begleitende Figuren beiträgt, die dem Klavier einige Pausen zum Atemholen gewähren. Das gesamte Konzert hat eine derart abgetönte, verhaltene Klangfärbung, daß der konzertante Gestus nicht mehr erscheint, selbst im dritten Satz, der doch zunächst ein Thema anstimmt, wie man es von vielen Euphorie-gesättigten, tanzsüchtigen dritten Sätzen Mozarts gewohnt ist, verwandelt das Klavier-Solo diese Stimmung mit jedem Einsatz mehr ins Liedhafte, Gesangliche und schließlich Sprechende. Am Ende nimmt man kaum noch musikalische Themen oder Motive in den verschiedensten Formen der Entgegensetzung von Soli und Tutti als vielmehr nur noch das Klavier wahr, das sich der Klangcharaktere des Orchesters bis in die letzten Nuancen vollkommen zwanglos bemächtigt zu haben scheint.

Die letzten Klavier-Takte des zweiten Satzes: Das Ideal eines Schlusses, eine einfache, wegen ihrer eleganten Mühelosigkeit sprachlos machende und eben deshalb so souveräne *Geste der Rückkehr* …

06.-11. Januar 2006. Nicht Symphonien oder Klaviersonaten bilden die zum Persönlichen, Ausdrücklichen hin tendierende *Mitschrift* dieser letzten Jahre, sondern *Streichquartette* (*KV 575/589/590*) und *Streichquintette* (*KV 516/516/593/614*). Hört man diese Stücke an mehreren Tagen hintereinander, glaubt man es mit einem einzigen großen Zyklus zu tun haben: Eine *Geheimgesellschaft* von vier oder manchmal auch fünf Streichern trifft sich in einem der Öffentlichkeit nicht zugänglichen Raum und findet mit der Zeit in ihrem Zusammenspiel zu einer so großen Intimität, daß sie den Raum am Ende gar nicht mehr verlassen möchte.

12. Januar 2005. Hamburg. Seit dem Nachmittag bin ich allein in der großen Hotel-Suite, die sich über zweieinhalb schmale Stockwerke erstreckt. Vom Flur im Parterre geht man über eine Wendeltreppe in den ersten Stock, wo man lesen oder einfach nur herum lümmeln kann, das Schlafzimmer befindet sich noch einen Stock höher, unter dem Dach, von wo man einen weiten Blick über die Dächer der benachbarten Häuser hat. Da es draußen sehr kalt ist, habe ich keine Lust, die Suite zu verlassen, zum Lesen oder Arbeiten habe ich aber auch keine Lust, ich möchte vielmehr diese schöne Suite genießen, nur fällt mir noch nicht die richtige Methode ein, durch die der Raumgenuß sich intensivieren ließe. Ich nehme unten, in der Mitte und oben Platz, ich gehe die kleine Treppe auf und ab, ich mache mir in der Küche (unten) einen grünen Tee, lasse ihn seine Aromen durch die ganze Suite verströmen, trinke ihn im mittleren und oberen Stock und bringe das leere Trinkgefäß wieder nach unten. Dann mache ich hier und da Licht, ich beleuchte gewisse Ecken und Bilder und Sitzbereiche, aber erst als ich auf die Idee komme, sehr leise einige der in den letzten Tagen gehörten *Quartette und Quintette* einzuspielen, habe ich die Lösung gefunden. Genau solche Quartette und Quintette haben nämlich, wie ich gleich bei den ersten Klängen bemerke, diesen Räumen gefehlt, der leise, mehrstimmige Klang macht sie zu Räumen voller konzentrierter Gespräche und beläßt ihnen doch ihre Stille und Intimität, es ist, als seien hier oder gleich nebenan, in den benachbarten Suiten, gute Freunde zugegen und machten sich immer mal wieder bemerkbar, es sind Freunde, mit denen man später ausgehen und irgendwo zu Abend essen wird. Beim Hören der Musik nehme ich aber nicht Platz, ich gehe vielmehr mit einem Getränk in der Hand von Stockwerk zu Stockwerk, bleibe vor den großen Fenstern stehen und schaue stehend, das Getränk in der Hand, der Musik lauschend, hinaus. Dann macht sich die Abenddämmerung zwischen den Dächern breit und sackt in den kleinen Innenhof, ich bin schon beinahe erstarrt, ich stehe da und nippe an meinem Getränk, und die Musik hat längst alle Macht übernommen, als flöße sie mir ein starkes und seltenes Beruhigungsmittel ein, gegen das ich nicht mehr ankommen kann. Immerhin schaue ich aber noch auf die Uhr, und als ich feststelle, daß es höchste Zeit ist, mich zu meiner abendlichen Verabredung aufzumachen, gelingt es mir wahrhaftig, das Getränk abzustellen, Schuhe und einen Mantel überzustreifen und die Suite zu verlassen. Ich glaube genau zu wissen, in welche Richtung ich gehen und in welche Straßen ich einbiegen muß, ich kenne den Weg, doch nach kaum zehn Minuten habe ich mich hoffnungslos verlaufen, nichts geht mehr, natürlich habe ich auch das Handy im Hotel liegengelassen, und natürlich finde ich nirgends ein Telefon, von dem aus ich mich melden könnte. Ich sage mir, daß es sinnlos ist, weiter durch diese schneidende Kälte zu gehen und daß ich zumindest den Weg zurück zum Hotel finden sollte, und, wahrhaftig, den Weg zurück finde ich leicht, und als ich die Tür der Suite öffne, höre ich gleich die Musik, ich habe sie nicht ausgeschaltet, gerade läuft der dritte Satz des *Streichquintetts in G-Moll, KV 516,* es handelt sich um eine Komposition, die ich in meinem Leben immer ein wenig gefürchtet habe und der ich daher aus dem Weg gegangen bin, jetzt aber erwartet sie mich, so daß ich Platz nehme und diesen Satz sowie die beiden folgenden und damit das ganze Quintett in Ruhe zu Ende höre. Nach dem Ende bleibe ich noch einige weitere Minuten sitzen, dann aber stehe ich auf und telefoniere, »ich werde mich um einige Minuten verspäten«, sage ich, doch mein Gegenüber antwortet, »ach was, Du bist schon jetzt mehr als eine ganze Stunde zu spät«.

15.-21. Januar 2006 (Prag/Prager Opern/Symphonie in D-Dur, KV 504). Nicht mehr Wien, sondern Prag ist in den letzten Jahren Mozarts (1787–91) jene Stadt, die sich ihm noch einmal so begeistert öffnet und zuwendet, wie er es von seinen frühsten Reisen und Erfolgen her gewohnt war. Und so treten denn in seinen Briefen an den Freund Gottfried von Jacquin auch die alten Muster seiner enthusiastischen Erzählweise wieder auf, er gibt sich selbst und seiner Reisegesellschaft ausgelassene Namen, oder er schwelgt in der Darstellung von festlichen Ereignissen, die sich allesamt nicht nur um Musik, sondern diesmal sogar nur um *seine Musik* drehen: »Gleich bey unserer Ankunft: Donnerstag den 11:ten um 12 uhr zu Mittag: hatten wir hals über kopf zu thun, um bis 1 uhr zur Tafel fertig zu werden. Nach Tisch regalirte uns der alte H: graf Thun mit einer Musick, welche von seinen eigenen leuten aufgeführt wurde, und gegen anderthalb Stunden dauerte. – diese *wahre unterhaltung* kann ich täglich genüssen. – um 6 uhr fuhr ich mit grafen Canal auf den sogenannten breitfeldischen ball, wo sich der kern der Prager schönheiten zu versammeln pflegt ... ich sah aber mit ganzem Vergnügen zu, wie alle diese leute auf die Musick meines figaro, in lauter Contretänze und teutsche verwandelt, so innig vergnügt herumsprangen; – denn hier wird von nichts gesprochen als vom – figaro; nichts gespielt, geblasen, gesungen und gepfiffen als – figaro: keine Opera besucht als – figaro und Ewig figaro ...« (IV, 9–10) Auf die so überaus erfolgreiche Aufführung der *Hochzeit des Figaro* im Januar 1787 folgt denn auch bald ein Auftrag zur Komposition einer Oper eigens für Prag, so daß Mozart sich bereits im Oktober desselben

Jahres mit seiner hochschwangeren Frau Constanze ein zweites Mal nach Prag auf den Weg macht, wo am 29. Oktober 1787 die Oper *Don Giovanni* (*KV 527*) uraufgeführt wird. Ein drittes und letztes Mal bricht er dann wenige Monate vor seinem Tod in die böhmische Hauptstadt auf, erneut hat man ihn mit einem Opernauftrag geehrt, diesmal handelt es sich um die Oper *La clemenza di Tito* (*KV 621*), die zur Feier der Krönung des Kaisers Leopold II. zum König von Böhmen Anfang September 1791 uraufgeführt wird.

Die Atmosphären, die man aufgrund seiner Briefe mit Prag in Verbindung bringen kann, erscheinen in der in Prag (im Januar 1787) zum ersten Mal aufgeführten *Symphonie in D-Dur, KV 504*, konzentriert und wie in einer musikalischen Erzählung in drei Akten vereinigt. Zwischen den beiden großen Opern *Die Hochzeit des Figaro* und *Don Giovanni* entstanden, spielt sie mit den Temperamenten beider Opern, hält sie gegeneinander und zerlegt sie in ihre Motive, so daß ein für die Ohren des Prager Publikums anspielungsreiches Figuren-Ensemble entstanden ist, das gerade in dieser Stadt wie eine sehr persönliche Widmung wirken mußte.

Der erste Satz: Der lange, ouvertürenhafte Spannungsaufbau eines *Adagio*, als befinde man sich bereits in den dunklen Schluß-Szenen des *Don Giovanni* …, woran sich aber ein *Allegro* anschließt, das eines der Finale des *Figaro* einleiten und abschließen könnte.

Mitridate, Lucio Silla, Idomeneo … – *La clemenza di Tito* (*KV 621*) ist die letzte von Mozarts ernsten Königsopern und kreist um die Idealgestalt des antiken Herrschers, des römischen Kaisers Titus, der den Intriganten und Verschwörern an seinem Hof ihre Verfehlungen vergibt und selbst denen, die ihm nach dem Leben getrachtet haben, am Ende gnädig verzeiht. Für den festlichen Anlaß der Königskrönung Kaiser Leopold II. hat Mozart in Zusammenarbeit mit dem Librettisten Caterino Mazzolà die Textvorlage so überarbeitet und gestrafft, daß viele der zuvor vorgesehenen Arien zugunsten mehrerer Ensemble- und vor allem Chor-Szenen wegfielen. Auch die Verknappung auf zwei (statt wie bisher drei) Akte führte zur besseren Entfaltung der Handlung, so daß *La clemenza di Tito* die traditionelle Form der *Opera seria* mit ihren Arien- und Nummern-Folgen hinter sich läßt und bereits als dramatisches Szenen-Tableau gesehen und gehört werden kann, das sich in die Richtung späterer, ganz am Geschehen entlang komponierter Opernmusik bewegt.

22.-26. Januar 2006. Don Giovanni (*KV 527*). Mit keinem Werk Mozarts habe ich mich länger beschäftigt als mit der Oper *Don Giovanni*. Die eigentlich intensive Phase dieser Beschäftigung begann während eines Prag-Aufenthaltes im Herbst 1989, als ich viele der Orte und Plätze aufsuchte, an denen sich Mozart, sein Librettist da Ponte und Giacomo Casanova, der damals in Prag zu Besuch bei Freunden war, aufgehalten hatten. Was zunächst nichts anderes war als die Beschäftigung eines Touristen, der jene Oktober-Monate des Jahres 1787 rekonstruierte, in denen Mozart und da Ponte die Oper fertigstellten, wuchs sich dann in den nächsten Jahren zu einer Spurensuche aus, durch die ich mich mit den

Details der Opernentstehung, aber auch mit dem Stadtbild Prags im späten achtzehnten Jahrhundert vertraut machte. Besonders behilflich waren mir dabei ältere Beschreibungen der Stadt und ein großes plastisches Modell, das der Maler und Lithograph Antonin Langweil in den Jahren von 1826 bis 1834 aus Holz und Papierpappe angefertigt hatte und das sich in einem zentralen Raum des Städtischen Museums befand. Mit Hilfe der Beschreibungen und des Modells war es möglich, sich imaginativ in den alten Prager Stadträumen aufzuhalten und zu bewegen, bis in alle Einzelheiten konnte ich mir die Szenen auf den Straßen vorstellen, das Geschrei der Würstelmänner und Milchweiber, die täglich zu Hunderten vom Land in die Stadt kamen, den Dampf der vielen Garküchen auf den Straßen, den Lärm der großen Brauhäuser, Wein- und Branntwein-Stuben, der Spiel- und Tanz-Säle. Mozart war mit seiner Frau im Gasthof *Zu den drei Löwen* abgestiegen, das Haus befand sich noch an der alten Stelle, und ihm gegenüber befand sich auch noch immer der Gasthof, in dem Lorenzo da Ponte ein Zimmer bezogen hatte. Nur wenige hundert Meter entfernt stand das Ständetheater, in dem die Oper uraufgeführt worden war, und draußen, etwas außerhalb der Stadt, lag noch immer die *Villa Bertramka,* das verwunschene Landhaus der mit Mozart befreundeten Sängerin Josepha Duschek, in das sich Mozart am Ende zurückgezogen hatte, um die Oper fertigzustellen. Die Figur, auf die es mir während dieser Recherchen neben der Figur Mozarts aber besonders ankam, war Giacomo Casanova. In der inzwischen in ein kleines Museum verwandelten *Villa Bertramka* waren nämlich Textentwürfe von seiner Hand zum *Don*

Giovanni ausgestellt, die unzweideutig bewiesen, daß sich Casanova mit dem Don-Juan-Stoff beschäftigt und sich *Alternativen* für da Pontes Libretto überlegt hatte. Das Projekt dieser Alternativen war es, was mich über die faszinierende Vorstellung hinaus, daß Casanova sich mit Mozart und da Ponte über die Oper unterhalten hatte, nicht losließ. Genau über solche *Alternativen* hatte ich selbst nämlich auch nachgedacht, denn einige zentrale Momente des Librettos hatten mich immer gestört, vor allem hatte ich es als einen ungeschickten Griff da Pontes empfunden, die Geschichte der Don-Juan-Gestalt ausschließlich von ihrem Ende her zu erzählen. Diese Konzeption führt in der Oper dazu, daß Don Giovanni eine Niederlage nach der andern erleidet. Ganz im Gegensatz zu seinem bisherigen Leben kommt er bei den Frauen nirgends zum Zug, er wird von ihnen vielmehr unermüdlich verfolgt und am Ende gleichsam zur Strecke gebracht, so daß die Höllenfahrt wie der Abschluß der Treibjagd erscheint, die die Gesellschaft auf ihn veranstaltet. Don Giovanni ist daher in da Pontes Textfassung seiner eigentlichen Leuchtkraft beraubt, er verführt nicht, er glänzt nicht durch seine Gaben, sondern er ist ein Unruhiger und Gehetzter, an dessen große Taten nur noch die Register-Arie seines Dieners Leporello erinnert. Eine solche Anlage der Don-Juan-Geschichte führte aber nicht nur dazu, daß der Don Juan-Gestalt viel von ihrer glamourösen Aura genommen wurde, sie isolierte auch die anderen Gestalten stark und ließ sie nicht zu einem wirklichen Ensemble zusammenwachsen. Don Giovanni begegnet zwar nacheinander Donna Anna, Donna Elvira und Zerlina, jede Begegnung steht aber in da Pontes Dramaturgie so für sich, daß die Oper wie eine Folge in sich abgeschlossener Szenen und eben nicht als eine Geschichte erscheint, der man mit Spannung folgt. Große Auftritte, Arien von einer Gewalt und von einem Schmelz, wie Mozart sie noch nie geschrieben hatte, stehen also einer Handlung gegenüber, die sich nicht fortentwickelt, sondern als bloße Stationenfolge angelegt ist. Da Pontes Konzeption erschien mir noch viel zu *barock*, sie lebte nicht wirklich von den Atmosphären und Reizen des galanten Zeitalters, sie vergab die Chancen des Stoffes zugunsten eines umweglosen Endes der Don-Juan-Gestalt, die zuletzt in die Hölle abkommandiert wird.

Casanovas *Text-Ideen* – sie gaben den Anstoß, daß ich mir eine andere Version der Oper überlegte, es war eine Version, die sich nicht auf der Bühne, sondern im Prag des späten achtzehnten Jahrhunderts ereignete, es war der *Roman* von der Entstehung der Oper *Don Giovanni*, der sich zwischen all den Personen abspielte, die im Oktober des Jahres 1787 mit der Uraufführung der Oper zu tun hatten. Im Zentrum dieser Personen stand die Trias jener drei Männer, von denen jeder eine eigene Konzeption des Stoffes im Kopf hatte: Mozart – da Ponte – Casanova, während sich im Hintergrund eine Trias von Frauen herausschälte, die schließlich die eigentliche Regie übernahmen: Constanze Mozart – Josepha Duschek – die Gräfin Pachta.*

* Vgl.: Hanns-Josef Ortheil: *Die Nacht des Don Juan*. Roman. München 2000.

Meine jahrelange Beschäftigung mit dem *Don Giovanni* hat dazu geführt, daß ich die Oper nicht mehr in einem Opernhaus auf der Bühne verfolgen, sondern nur noch in kleinen Portionen und nur noch außerhalb von Opernhäusern hören kann. Nur dann nämlich erscheinen mir ihre Arien und Szenen wie Arien und Szenen einer Dramaturgie, die da Pontes Libretto Konkurrenz macht, ja sie erscheinen mir manchmal sogar wie Arien und Szenen meines Romans.

27. Januar 2006. Heute vor 250 Jahren wurde Wolfgang Amadeus Mozart gegen 8 Uhr abends im Wohnhaus seiner Eltern und seiner viereinhalb Jahre älteren Schwester Nannerl in der Salzburger Getreidegasse 9 geboren und am darauf folgenden Tag im Salzburger Dom auf die Namen Joannes Chrysostomus Wolfgangus Theophilus getauft. Fast genau fünf Jahre später, Ende Januar 1761, notiert Leopold Mozart, der Vater, die ersten Kompositionen des Sohnes in ein *Notenbuch*, das er zunächst für Nannerls Klavierunterricht angelegt hatte …

Während des zurückliegenden Jahres habe ich manchmal an das *Musik-Programm* dieses letzten Tages gedacht. Jetzt komme ich mir vor wie ein erfahrener *DJ*, der Mozarts Musik an allen nur erdenklichen Plätzen und Orten aufgelegt und diese Plätze und Orte mit ihrer Hilfe zum Tanzen gebracht hat. Heute, zum Abschied, legt dieser *Mozart-DJ* lauter Stücke auf, die dieses einzigartige Jahr noch einmal in kurzen, ihm besonders nahe gehenden Nummern für ihn selbst Revue passieren lassen: 1) *Andante/Allegro C-Dur* (*KV 1a/1b); 2) Sonate für Klavier und Violine D-Dur, KV 7, erster Satz;*

3) *Londoner Notenbuch, Klavierstück in Es-Dur, KV 15kk;* 4) *Symphonie in Es-Dur, KV 16, dritter Satz;* 5) *Klaviertrio in G-Dur, KV 496, erster Satz;* 6) *Klavierkonzert in B-Dur, KV 450, zweiter Satz;* 7) *Violinkonzert in D-Dur, KV 211, zweiter Satz;* 8) *Klavierkonzert in Es-Dur, KV 271, zweiter Satz;* 9) *Klaviersonate in A-Moll, KV 310, zweiter Satz;* 10) *Non sò, d'onde viene, KV 294;* 11) *Sinfonia concertante in Es-Dur, KV 364, zweiter Satz;* 12) *Streichquartett in C-Dur, KV 465, erster Satz.*

Spätnachts der zweite Satz (*Andante*) des 1790 komponierten *Streichquartetts in F-Dur, KV 590*: Die vier Streicher finden immer wieder zu neuen Gruppen zusammen wie wandernde Schatten oder wie die scharf voneinander abgesetzten Wolken in dieser sehr kalten Nacht. Jetzt steigt die Violine ein paar Schritte empor und schwebt ganz leicht über den sie homophon begleitenden Stimmen, jetzt folgt ihr das Cello, jetzt bewegen sich alle sehr ruhig im Kreis und stehen zusammen und erstarren beinahe und blicken sich an und schweigen. Es ist Mitternacht, es ist jetzt sehr still, das Jahr ist vorüber.

Discographie

Mozarts Musik liegt in so vielen hervorragenden Einspielungen vor und ist so leicht zugänglich, daß besondere Hinweise oder Empfehlungen nicht notwendig sind. Aufmerksam machen möchte ich deshalb nur auf die sehr preiswerten, nach Gattungen geordneten Aufnahmen des *Gesamtwerks (Box mit 170 CDs/brilliantclassics Nr. 92540).*

Daneben empfehle ich den Kauf von Gesamtaufnahmen einer bestimmten Werkgattung, also zum Beispiel den der *Klaviersonaten* (in einer Aufnahme mit der Pianistin Mitsuko Uchida/*Philips 468356–2*), der *Violinkonzerte* (in einer Aufnahme mit der Geigerin Anne Sophie Mutter/*Deutsche Grammophon 002894742152*), der *Klavierkonzerte* (in einer Aufnahme mit dem Pianisten Vladimir Ashkenazy/*Decca B000041KA*), der *Sonaten für Violine und Klavier* (in einer Aufnahme mit dem Geiger Itzhak Perlman und dem Pianisten Daniel Barenboim/*Decca B00004SA87)* der *Streichquartette & -quintette* (in einer Aufnahme mit dem Alban Berg Quartett/*EMi B0000BWTKL*), der *Frühen Symphonien* (in einer Aufnahme mit Nicolaus Harnoncourt, *Early Symphonies, Vol. 1+2/Sony B00030GMPY*), der *Späten Symphonien* (in einer Aufnahme mit Peter Maag/*Arts B0000Y063*), der *Opern* (in einer Aufnahme mit Colin Davis/*Philips 456373-2*).

Der Verlag weist ausdrücklich darauf hin, dass im Text enthaltene externe Links vom Verlag nur bis zum Zeitpunkt der Buchveröffentlichung eingesehen werden konnten. Auf spätere Veränderungen hat der Verlag keinerlei Einfluss. Eine Haftung des Verlags ist daher ausgeschlossen.

MIX
Papier aus verantwortungsvollen Quellen
FSC® C014496
FSC
www.fsc.org

Verlagsgruppe Random House FSC® N001967

1. Auflage
Genehmigte Taschenbuchausgabe März 2016,
btb Verlag in der Verlagsgruppe Random House GmbH,
Neumarkter Str. 28, 81673 München

Umschlaggestaltung: semper smile
Umschlagmotiv: © Hulton Archive /Getty Images;
© Lyekaterina/Shutterstock
Druck und Einband: GGP Media GmbH, Pößneck
KS · Herstellung: sc
Printed in Germany
ISBN 978-3-442-71351-6

www.btb-verlag.de
www.facebook.com/btbverlag
Besuchen Sie auch unseren LiteraturBlog www.transatlantik.de